TADAM !

Avec la collaboration d'Éric Dussart

Conseil éditorial : Françoise Smadja
Design de couverture et maquette intérieure : Studio Blick
Préparation de copie : Camille Le Dain
Correction : Audrey Peuportier
Illustrations : Adobe Stock
Photographie de couverture : © Mathieu Chesneau

76, boulevard Pasteur
75015 Paris – France
ISBN : 979-10-285-3414-1

HÉLÈNE *in* PARIS

TADAM !

L'anti-manuel du savoir-vivre

LEDUC

À mes parents adorés, c'est grâce à votre amour que j'ai tout appris : à croire en moi, à rire fort, à marcher droit et à rêver plus grand que la vie.

Vous êtes toujours là, dans chaque éclat de rire, chaque victoire, chaque note de musique.

Ce livre est pour vous.

INTRODUCTION

Je suis Hélène. Soixante-neuf ans. Mais avant que vous ne pensiez : « Oh, une mamie qui raconte sa vie », laissez-moi remettre les pendules à l'heure.

À 69 ans, je ne raconte pas ma vie… Je la croque. Avec appétit, audace et une pointe d'insolence. C'est l'âge où l'on devient plus savoureuse qu'un dessert au chocolat, où l'on ose dire non aux longues soirées ennuyeuses et oui à tout ce qui fait vibrer. C'est aussi l'âge où l'on comprend que la seule personne qu'il faut séduire, c'est soi-même.

FUIR LE « CE QU'IL FAUT FAIRE »

Finies les excuses, finis les compromis. Si j'ai envie d'enfiler une robe de gala pour aller chercher une baguette, je le fais. Et si j'ai envie de porter un training pour aller à un cocktail mondain, je le fais aussi. Enfin, non. Mais juste parce que je ne trouve pas ça joli. En théorie, j'en serais capable ! Vous voyez l'idée ? J'ai décidé de faire de la vie une fête permanente et je préfère largement les bulles du champagne à celles d'un paracétamol effervescent. Alors, j'évite autant que possible les gens qui me rendent migraineuse. C'est ma manière de pratiquer le tri sélectif! Si l'extraordinaire est rare, rendre l'ordinaire extra est tout à fait à notre portée.

Alors, pourquoi ce livre?

Parce qu'il y a des vérités qu'on ne dit pas assez souvent : l'âge n'est qu'un chiffre et la vie n'attend pas qu'on lui en donne la permission pour avancer. Ce livre, c'est mon cri de liberté. Un guide pour celles et ceux qui veulent vivre pleinement, rire de leurs galères, et oser rêver grand, sans se demander si c'est trop tard. Ce livre, c'est une ode à la bonne humeur, un manuel pour transformer le quotidien en moments éclatants et exquis. Un guide pour rire plus fort, aimer plus grand et métamorphoser les petits tracas en grandes comédies.

Mais attention, il ne s'agit en rien d'un mode d'emploi rigide. À chacun(e) d'entre vous de vous inspirer. Soyez vous-même, car, comme le disait Oscar Wilde, « les autres sont déjà pris ».

Dans ces pages, vous trouverez des anecdotes croustillantes, des conseils décalés, des règles de vie un peu folles, mais totalement efficaces, comme :

- **Règle n° 1 :** si vous hésitez entre être ennuyeux(se) ou spectaculaire, optez toujours pour le spectaculaire. (Être spectaculairement ennuyeux(se) étant la pire option.)
- **Règle n° 2 :** les avis des autres ? Rangez-les avec les chaussettes orphelines, ça ne sert jamais.

- **Règle n° 3 :** une bonne paire de talons peut tout changer. Et si ça ne résout pas vos problèmes, au moins, vous prendrez un peu de hauteur, dans tous les sens du terme !

AVANT DE PARLER DE VOUS, QUELQUES MOTS SUR MOI POUR VOUS METTRE EN APPÉTIT ?

Je suis née au Maroc, entre épices et couleurs éclatantes. Très jeune, j'ai eu le goût du spectacle et la passion de briser les règles. À 13 ans, j'ai débarqué à Paris, naviguant d'études sérieuses en soirées effrénées. Puis, à 24 ans, je vis un mariage hollywoodien et une vie de rêve à Los Angeles, dans un tourbillon de luxe et de folie. Les années 1980 étaient mon terrain de jeu.

Mais la vie, ce sont aussi des virages imprévus. Divorces, reconversions professionnelles, déménagements qui me faisaient changer de pays comme d'autres changent de chemise. À chaque étape, j'ai rebondi. Paris, New York, Londres : chaque ville était une nouvelle aventure, un terrain pour me réinventer, toujours plus audacieuse.

Aujourd'hui, à 69 ans, je suis chanteuse, tiktokeuse et « mamie star », vraiment pas du genre à tricoter des pulls. Éventuellement, tailler des costards, mais juste pour rire ! Et en riant de moi-même, pour commencer. L'autodérision est une règle de vie. Je croque la vie à pleines dents et garde les bras grands ouverts pour tout ce que l'avenir me réserve. Mon credo ? Tout est possible à tout âge, il ne faut « jamais dire jamais ! » (titre par ailleurs d'un très bon album d'une certaine Hélène in Paris que je ne saurais trop vous conseiller 😉).

Ce livre est pour vous :

- si vous voulez un petit coup de pied aux fesses (sans les talons, promis) pour enfin vous lancer ;
- si vous êtes prêt(e) à rire de vous-même (et des autres, il n'y a pas de raison) ;
- si vous cherchez des conseils simples, drôles et efficaces pour « oser l'audace ».

Bienvenue dans mon univers.

Ici, la joie est contagieuse, les galères deviennent des anecdotes mémorables, on ne se prend jamais trop au sérieux, et les journées grises n'existent pas. Préparez-vous à plonger dans une explosion de couleurs, de bonne humeur et d'énergie. Allez, on y va ?

1.
HÉLÈNE *BY NIGHT*

La soirée idéale

« Paris, la ville qui ne dort jamais. » Mais moi, si ! La soirée se doit donc d'être réussie, sinon je lance très vite un « bye bye, les chéris »... Voici tous les conseils pour rester éveillé(e) très tard et passer la meilleure des soirées !

Déjà, qu'est-ce qu'une soirée idéale ? Je dirais celle dont on se souvient le lendemain. (Premier conseil : ne pas trop forcer sur les cocktails.) Une belle soirée, on en sourit encore le jour suivant. C'est un moment hors du temps, qu'on soit 22, 2 ou 1 ! Que vous soyez en pyjama avec votre soupe maison ou en robe de soirée au bras d'un(e) prétendant(e) potentiel(le), vous aurez le pouvoir magique de tout sublimer. Car dans la vie, la seule chose qu'on ne peut pas se permettre, c'est de s'ennuyer. Alors, on s'accroche à ses talons hauts (ou à ses chaussons) et on entre dans la danse !

ANTICIPEZ !

Les soirées idéales ne tombent pas du ciel, elles se créent, elles se planifient et elles se vivent à fond. C'est un art subtil, un équilibre entre spontanéité et maîtrise de soi, entre éclats de rire et petits moments d'élégance.

En fait, c'est adopter une attitude à la James Bond : on planifie avec audace, on improvise avec panache et on s'éclipse toujours avec classe.

Voici quelques scènes de ma vie, où chaque moment banal peut devenir sympathique et mémorable. Que ce soit un dîner de gala, une soirée cocooning pyjama, un premier rendez-vous ou mon fameux dîner du dimanche soir.

Je vais vous dévoiler mes secrets pour faire de n'importe quelle situation un pur régal.

COMMENT TRANSFORMER UNE SOIRÉE DE GALA EN UNE SOIRÉE IDÉALE ?

Certainement pas avec un dîner figé, ni une interminable soirée de charité où l'on reste bloqué(e) à une table, entre des inconnus, à épuiser les sujets de conversation épuisants. Non, ça j'évite !

J'accepte l'invitation, mais je préviens que j'assisterai uniquement au cocktail. Comme le chantait Jane Birkin, je préfère « fuir le bonheur de peur qu'il ne se sauve » ! On l'a tous vécue, cette soirée qui s'étire tel un chewing-gum et qui finit, comme celui-ci, par perdre tout son goût.

Voici ma technique !

Je suis un peu la James Bond des cocktails mondains. Je débarque, mais attention, en mode discret : j'ai une mission et une seule, pas question d'être coincée entre Monsieur cheveux gominés et Madame tirée à quatre épingles (voire beaucoup plus, car on sent que le chirurgien a eu la main lourde).

Non, je suis là pour m'amuser, mais à ma façon.

J'arrive, je papillonne d'un groupe à l'autre, je distribue des sourires et des « hello, hello ».

Mais attention, j'ai un radar intégré ! Dès que le gong du dîner approche, ni une ni deux, j'enclenche le mode « c'est l'heure d'appeler une voiture ». Un dernier clin d'œil, une photo vite faite pour prouver que j'étais bien là, un « bon, moi je file ! » lâché avec élégance, toujours ! Et hop, je m'éclipse. Pour eux, comme pour moi, mieux vaut un goût de « pas assez » que de « presque trop ».

Voilà comment changer une obligation en une soirée idéale.

LA SOIRÉE PYJAMA

Quand je n'ai pas de dîner au programme, c'est la fête ! Soirée pyjama activée !

D'abord, le menu ! En été, mon combo gagnant : carottes râpées, pommes, yaourt. Ça a l'air tout simple, mais c'est mon petit bonheur du moment.

L'hiver, je mets les carottes de côté et je sors la grande star des soirées frileuses : la soupe maison, bouillante et réconfortante.

Ensuite, un bon bain chaud, puis je passe au *dress code* officiel : le pyjama offert par les compagnies aériennes. La Rolls du pyj' : ce cadeau de vol long-courrier, niveau confort, c'est le top du top. Je m'y glisse comme dans un cocon.

Et pour l'ambiance, quelques bougies, histoire de rendre ça cosy-cosy. Ma chambre devient mon refuge douillet, une bulle de délice.

Pour la touche finale, direction le lit. Télécommande en main, je m'installe pour une série, couette jusqu'au menton, avec une bonne verveine de Marrakech.

Je suis au summum du bonheur, pas besoin de plus pour me régaler. Passer une soirée avec soi-même, c'est la garantie d'être avec quelqu'un qu'on apprécie !

LES BIENFAITS DU VITE FAIT !

Chez moi, le dimanche soir, c'est du rapide, mais sympathique. À 19 heures pétantes, tout est prêt pour accueillir les invités. Ils savent très bien à quoi s'attendre.

En mode « profitez bien, parce que dans deux heures, ce sera pyjama pour tout le monde ».

À 19 heures, ma cuisine est parée à faire des étincelles, mais sans paillettes ni tapis rouge. Juste des bougies, des petites fleurs qui font genre « on reste quand même chic et *casual* » et une vaisselle qui fait son petit effet sans faire trop de chichis.

Ce n'est pas un resto cinq étoiles, non, c'est mieux, c'est chez moi, avec mes bonnes vibes et mon plat signature. Rien de compliqué, juste une recette maison, comme un gratin bien doré ou un poulet rôti qui dit : « Allez, on va passer une bonne soirée. »

Pas de protocole, chacun se sert comme il veut, quand il veut et on lève nos verres, tchin-tchin, sans raison, ça fait juste du bien.

La soirée passe comme un charme, et hop, 21 h 30 arrive sans même qu'on y pense. On range à la va-vite, on rigole une dernière fois, puis tout le monde file, chacun chez soi, direction le lit.

LA TOUTE PREMIÈRE FOIS (AH, LE PREMIER *DATE*!)

Pas question de l'inviter à la maison ! Je le laisse choisir le restaurant, un peu comme un test pour voir s'il connaît ses classiques. Si son choix se porte sur une soirée dans une pizzeria basique ou pire, sur un endroit avec des nappes en plastique, là désolée, mais j'interviens. Il est inconcevable de gâcher une première soirée dans une ambiance de cantine ! Alors, je reste tout sourire, et je glisse : « Il y a ce petit resto qui vient d'ouvrir, j'ai même promis au patron d'y passer. » Ni vu ni connu, je redirige la soirée vers un endroit un peu plus chic.

Ah, la tenue… Mon radar à style s'active immédiatement. Un point essentiel : les chaussures. Des baskets fluo ? Non mais quelle horreur, on dirait qu'il sort d'un cours d'aérobic des années 1980 avec Véronique et Davina. Des mocassins à glands ? Comme leur nom l'indique, c'est fait pour les… Et si en plus, il porte des chaussettes blanches, c'est moi qui sors le drapeau blanc ! Mais il y a encore pire. Le combo fatal : une sacoche en bandoulière et un blouson en cuir façon Elvis. Dans ce cas, je déclenche le plan d'évacuation express : « Je suis navrée, mais j'ai un dégât des eaux chez moi. »

Les mains, c'est non négociable. Belles mains, doigts élégants, ongles soignés, sinon rien !

C'est l'heure du grand jeu des débuts, ce moment où l'on se lance des regards, où l'on savoure les premiers sourires… enfin, en théorie. Parce qu'en pratique, on est plus proche d'un marathon que d'une balade romantique. Il faut tout résumer, tout raconter, et le pire, c'est que plus le temps passe, plus j'ai de chapitres à dévoiler. À mon âge, j'ai vécu une multitude de vies, mené tant d'aventures qu'il faudrait des heures pour tout résumer !

Parfois, je rêve d'un petit bouton *play* pour balancer mon histoire comme un disque, et gagner du temps (qui a dit « Ou un audioguide comme dans un musée » ? Vous sortez tout de suite !).

Je parle, je parle, et là, je lève les yeux, et que vois-je, un désastre, le pompon. Il tient ses couverts comme un boucher en pleine action ! Poignet rigide, coude en l'air, couteau planté en travers de l'assiette.

J'essaie de rester concentrée sur mon plat, mais impossible, je suis fascinée par cette découpe.

Et puis, quand ça ne colle pas… Ah, cette politesse forcée. Le pire, c'est quand il traîne à demander l'addition : là, je m'impatiente. Je propose de faire fifty-fifty, juste pour n'avoir rien à devoir et filer sans attaches. Mais s'il accepte sans hésiter, là c'est sûr : c'est le clap de fin. Retenez bien : lors d'un premier *date*, une addition à 50/50, c'est à 100 % sans lendemain.

5 tips
pour des soirées idéales

1 Ne vous éternisez jamais : l'art de la disparition élégante.

Rappelez-vous, il vaut mieux être la personne qu'on regrette déjà que celle qu'on espère voir partir. Évitez de devenir l'invité(e) qui s'incruste jusqu'au petit matin. Faites votre sortie avant que l'hôte ne commence à bâiller ou à ranger la vaisselle bruyamment. Une excuse subtile, comme « Je dois me lever à l'aube pour attraper un vol ou un train », fera l'affaire. (Même s'il s'agit en réalité d'un RER, ça marche aussi.) Ainsi, vous laisserez derrière vous une aura de mystère et de désir, plutôt que l'image de l'invité(e) « super-glu » qu'on n'arrive pas à décoller.

En suivant ces conseils, vous serez la star de chaque soirée, celle ou celui dont on parle avec admiration et un brin de fascination.

2 Le casting des invités : votre soirée, votre film.

Imaginez votre soirée comme un film hollywoodien. Chaque invité(e) est une star à choisir avec soin. Prévenez les drames en ne sélectionnant que des personnes qui s'entendent bien, et surtout, laissez les divas chez elles. Après tout, vous êtes le metteur en scène de cette soirée, pas le médiateur d'un talk-show à scandales. Exemple : n'invitez pas une amie et son ex avec sa nouvelle copine. Ou alors, évitez les couteaux à table.

3 Ambiance : entre grand jeu et simplicité.

Que vous sortiez l'argenterie de famille ou optiez pour une ambiance décontractée, l'essentiel est votre bonne humeur contagieuse. Pas besoin d'un menu à rallonge digne d'un restaurant étoilé. Des plats traditionnels avec de bons produits feront l'affaire. Et n'oubliez pas : un sourire et une blague bien placée sont les meilleurs assaisonnements. Allumez quelques bougies, ça crée une belle atmosphère chaleureuse.

Pour l'ambiance musicale, pas de station de radio, sans quoi vous serez interrompus toutes les dix minutes par de longues pages de pub. Privilégiez une playlist personnelle, douce (pas de death metal), qui va favoriser la conversation. Et attention au choix des chansons. Un « Vas-y Francky, c'est bon, bon, bon » pourrait provoquer une fausse route. Surtout si vous avez un Franck à table.

La boisson : un bon vin ou un bon champagne, c'est primordial pour satisfaire vos invités. Quant au dessert, quelque chose de léger, tout le monde fait attention à sa ligne.

Ainsi, votre soirée à la maison sera un succès retentissant, digne des meilleurs éloges. Et qui sait, peut-être que vos invités réclameront une suite très prochainement.

4 Le placement de table.

Le placement de table est un art subtil pour que tout le monde passe une soirée mémorable. Voici quelques astuces pour que vos convives soient ravis dès l'apéro.

Pour que ce soit chic et organisé, il faut privilégier une disposition équilibrée : alterner hommes et femmes si possible, et varier les personnalités.

Les bavards au centre, ils animent la soirée, mais éloignez-les les uns des autres pour éviter qu'ils ne la monopolisent.

Les timides aux extrémités, ça va leur permettre de discuter et de se mêler à leur aise à la conversation.

Le chef d'orchestre au bout : si vous êtes l'hôte, placez-vous à une extrémité de la table pour mieux gérer les conversations et le service.

Et si c'est un dîner romantique, pas question de s'asseoir à l'autre bout de la table. Pas de remake de la rencontre Macron/Poutine aux deux extrémités d'une table de la taille d'un terrain de foot. Favorisez une proximité subtile, ça pourrait encourager une éventuelle caresse de la main, ou un doux baiser.

5 Évitez de booker un rendez-vous avec votre coach le lendemain à 7 heures du matin.

Absolument ! C'est le meilleur moyen de ruiner une soirée avant même qu'elle ne commence. Mieux vaut planifier ce genre de séance pour un autre jour. Après tout, une soirée réussie, c'est aussi savoir profiter du moment sans avoir la hantise du réveil à l'aube et des squats endiablés.

Moralité : le fitness peut attendre, mais votre soirée, elle, ne repassera pas.

« Une soirée, c'est comme un soufflé au fromage. Il faut être très vigilant car ça retombe vite. »

RECETTE DE SÉDUCTION ULTIME

Le gratin magique

Ingrédients

4 pommes de terre, épluchées et coupées en fines rondelles • De la crème fraîche • 1 touche de beurre • 1 soupçon d'ail • Du fromage râpé qui gratine à la perfection

Préparation

Dans un plat adapté, disposez les ingrédients en couches, enfournez pendant 50 minutes à 1 heure à 180 °C, et laissez le parfum envoûter vos invités (ou votre amoureux).

Astuce

Servez avec une salade verte et un bon verre de vin blanc pour la touche irrésistible.

2.
L'ART DE LA SÉDUCTION

**« Tu veux
ou tu veux pas ? »**

MAÎTRISEZ L'ART DE LA SÉDUCTION

La séduction, c'est un peu comme une danse sensuelle entre mystère et spontanéité. Chaque mot, chaque geste, est une pirouette pouvant faire chavirer les cœurs... ou faire chavirer vos espoirs. C'est l'art délicat de capturer l'attention, d'éveiller les sens avec panache et juste ce qu'il faut d'audace.

Imaginez : séduire, c'est comme préparer une tarte aux pommes. Il faut un mélange subtil de savoir-faire, une pincée de spontanéité et une bonne dose de sucre pour faire fondre l'autre... ou au moins lui donner envie de goûter. Au pire, vous aurez une tarte pour vous consoler.

Ah, la séduction ! Si complexe qu'il faudrait presque un diplôme. Qu'est-ce qu'on ne ferait pas pour conquérir un sourire, capturer un regard ou provoquer ce petit frisson imperceptible ?

Évitez les « oh, quelle coïncidence » (alors que vous avez planifié la rencontre depuis deux semaines) et les coups montés en douce.

Dans la séduction, la règle d'or, c'est d'être vous-même, le vrai vous, avec vos petites bizarreries et vos grands éclats de rire. Mesdames, si vous cherchez un amant irrésistible, il va vous falloir devenir un aimant irrésistible.

Mais attention, pas la version collante qui donne envie de fuir en courant. Non, un aimant subtil, qui attire sans faire d'efforts visibles. Parce que quand c'est trop calculé, trop « opération séduction », ça se sent à 10 km, et l'autre part direct. Résultat ? Vous finissez tout(e) seul(e). Bref, respirez, soyez spontané(e), et laissez la magie opérer… ou pas, mais au moins vous restez chic.

Ajoutez une touche d'authenticité – un éclat de rire sincère, un regard qui s'attarde une seconde de trop –, car ce sont ces petits moments vrais qui marquent. La perfection peut impressionner, mais c'est la spontanéité et le naturel qui charment vraiment. Cela n'autorise pas à tout dire. Exemple : lancer à votre prétendant un « c'est fou ce que vous ressemblez à mon père » est à 10/10 sur l'échelle de la boulette.

Attention, petit rappel crucial : quand ça ne prend pas, on arrête !

Si l'autre ne répond pas, si on n'accroche pas, il faut savoir lâcher prise.

Tenter de convaincre quelqu'un de vous aimer, c'est peine perdue et, soyons honnêtes, une perte de temps monumentale. Demi-tour, et que le destin s'occupe de vous envoyer quelqu'un de mieux assorti.

En fait, séduire, c'est comme cuisiner un risotto. Il faut y aller doucement, rester attentif, remuer avec délicatesse et ne jamais lâcher l'affaire, sauf si le fond brûle, là c'est mort.

Et surtout, n'oubliez jamais : la séduction n'est pas une transaction, c'est un art de vivre. Si ça ne colle pas, on remet son rouge à lèvres (ou sa cravate, selon ses préférences), on relève la tête et on continue son chemin. Après tout, ce n'est qu'en jouant plusieurs partitions qu'on finit par tomber sur la bonne mélodie. Celle qui fait vibrer.

OUVREZ L'ŒIL !

Séduire... ce jeu délicieux où tout devient possible, surtout aux premières lueurs du jour.

Les Tuileries, un véritable terrain de chasse au trésor... sauf que là, les lingots ont des mollets en béton et des T-shirts moulants. Moi, j'y déambule, légèrement maquillée, une casquette vissée sur la tête, prête à croiser le destin entre deux allées de gravier. Les promeneurs et leurs chiens trottinent en cadence, les amoureux débarquent encore étourdis de leur folle nuit, main dans la main, pour savourer un petit déjeuner au bord du bassin.

Mais le clou du spectacle, ce sont ces pompiers incendiaires. Ces artistes du footing, en short et T-shirt ajustés, sculptés comme des rêves ambulants.

Un sourire, un « bonjour » bien placé, et parfois, mesdames, le miracle opère. Ils sauvent des vies, et qui sait ? Ils pourraient bien réanimer un cœur... ou allumer le vôtre.

Là, on a l'embarras du choix ! Le hic ? Éviter de finir avec un pigeon – et je ne parle pas de l'oiseau !

TINDER SURPRISE !

Les applis de rencontre ? J'ai tout testé. Résultat ? C'est comme les catalogues de vente par correspondance. Les photos ne sont pas contractuelles. Entre les filtres avantageux et les clichés à faire dater au carbone 14, vous recevez rarement ce que vous avez commandé. Ajoutez à cela ceux qui mentent sur leur taille (1 ou 2 cm, c'est tolérable. Mais 15, ça relève d'un problème de vue ou d'honnêteté) ou encore les pros du cliché glamour : devant leur miroir, torse nu et plus poilu qu'un bison. Je pensais avoir tout vu. Mais non ! Arrivent les spécimens de la salle de sport : muscles gonflés comme des ballons de baudruche, huile luisante. Le package est séduisant, mais je crains qu'ils ne puissent guère être plus que des partenaires d'activité gymnique (placez un trait d'union dans ce mot, vous comprendrez mieux l'idée).

Mais bon, les applis marchent pour certains, je respecte. Chacun son truc. Moi ? Non merci. Enfin... sauf si un jour je sombre dans le désespoir absolu, là peut-être que je tenterai un *swipe*, juste pour voir. Mais soyons sérieux, aujourd'hui, les hommes ne draguent plus dans la vraie vie. Fini le petit sourire en coin au café ou le type qui vous court après dans la rue parce que vous avez laissé tomber un foulard. Non. Désormais, on a des gars qui vous envoient un « cc bjr » par message, sans ponctuation, et qui s'attendent à ce que vous fondiez.

Mais où est passée la poésie ?

Moi, j'ai dit stop. Les sites de rencontre, c'est pas du romantisme, c'est du téléshopping. Alors maintenant, je préfère les vraies rencontres.

L’avion, par exemple : une mine d’or. Les salons VIP ? Encore mieux ! Et le top du top : l’Eurostar ! En route pour Londres, j’ai rencontré des artistes fameux, un lord et même un manager d’équipe de foot. Mais mes copines ? *Nada*. Elles faisaient des allers-retours pour rien, les pauvres chéries ! Bon, elles auront des miles, c’est toujours ça de pris.

L’ASCENSEUR : DES HAUTS ET DES BAS

Ah, les ascenseurs, un classique du flirt avorté. Ces regards furtifs dans un espace confiné, ce silence tendu... et ce moment où on se demande : « Va-t-il oser parler avant le cinquième étage ? » Réponse : jamais. Les hommes d’aujourd’hui semblent paralysés à l’idée de dire bonjour. Et si en plus vous habitez au premier, aucun espoir. Prenez les marches. Ça fera du bien à votre cœur d’une autre manière.

Et puis, il faut dire que l’ambiance n’aide pas. Entre le néon blafard qui vous donne un teint de porcelaine ébréchée, le miroir cruel qui souligne chaque pore avec une précision sadique, celui qui vous renvoie une version de vous-même qu’on préférerait oublier, et cette étrange sensation qu’on est jugé par la caméra de sécurité, difficile de se sentir au sommet de son charme dans un ascenseur. Alors on se tient là, les yeux rivés sur le tableau des étages.

Si, par miracle, on sort au même étage, il reste encore l’épreuve du « qui sort en premier ? », un ballet maladroit qui pourrait presque passer pour un début de romance... à condition qu'on ait le sens de l'humour.

Pourtant, imaginez le scénario très improbable : il brise le silence. Il vous regarde, esquisse un sourire et dit quelque chose d'audacieux, comme... « Bel ascenseur, non? »

Et là paf, un fou rire nerveux vous secoue, si fort que vous en oubliez où vous alliez.

Coup de foudre? Peut-être. Sauf s'il ajoute « C'est justement vous que je venais voir pour vous présenter notre assurance vie ». Là, vous redescendez très vite. Et pas besoin d'ascenseur.

FONDRE D'AMOUR

L'amour... ce bouleversement. Au début, c'est une symphonie : des violons, des feux d'artifice, des textos enflammés à 2 heures du matin. Mais très vite, ça devient un véritable déménagement émotionnel. Ça chamboule tout, et soudain, on ne sait plus où on habite.

On perd 10 kilos comme par magie, là où des années de régimes n'avaient rien donné. Une révolution que même votre diététicienne ne saurait expliquer. Pas besoin de box repas ou de coach minceur : l'amour s'occupe de tout, sans avertissement.

On perd aussi le sommeil, car chaque nuit se transforme en une projection privée de scénarios sur l'oreiller, où l'imagination s'emballe. La concentration? Un lointain souvenir. On n'écoute plus les gens parler, et même prendre le volant devient risqué : un excès de battements de cœur pourrait vous faire louper un virage. C'est un tourbillon délicieux, mais parfois un peu périlleux.

Moi, je préfère l'amour qui s'installe en douceur, qui vous entoure comme une couverture chaude un soir d'hiver (ce qui ne signifie pas que monsieur doit nécessairement être aussi épais qu'un édredon). J'aime l'amour qui rassure, qui apaise et qui donne envie de rester. Les coups de foudre m'ont toujours paru effrayants : ils sont par définition trop électriques, brûlants et imprévisibles. J'aime quand la séduction s'étire dans le temps, comme une mélodie douce, et que l'on se sent enfin chez soi, en paix : on est comme à la maison, à l'aise et sans effort.

Mais le vrai amour, celui qui dure, c'est surtout celui où l'on atteint le niveau ultime de confort : celui où l'on arrête de jouer la comédie. Par exemple, ce moment glorieux où vous abandonnez l'idée de courir à la salle de bains pour « rafraîchir » votre haleine avant qu'il n'ouvre l'œil. Vous l'accueillez au naturel et il vous sourit. C'est une véritable preuve d'amour. Ou la preuve qu'il devrait vraiment penser à soigner ce méchant rhume qui lui bouche le nez.

L'amour, c'est également ce moment où vous arrêtez de dormir en nuisette sexy qui gratte et optez pour ce bon vieux pyjama informe, avec des moutons dessus et un trou sous le bras. Si après ça, il reste, vous avez trouvé votre âme sœur.

Et que dire des vraies premières fois? La première fois qu'il vous voit démaquillée, cheveux façon « balai-brosse chic ». Ou la première fois que vous lâchez un petit « bruit suspect » pendant un fou rire, et qu'au lieu de faire semblant de ne rien entendre, il en rajoute : « Tu ne manques pas d'air! »

Bref, l'amour, c'est se dire que même si vous êtes un bazar vivant certains jours, il reste là, prêt à vous aimer dans toute votre splendeur. Et ça, c'est le vrai romantisme.

L'amour, c'est aussi quand vous activez le robinet pour masquer les bruits indélicats. Et là, vous savez que c'est sérieux s'il frappe à la porte pour demander : « Tout va bien ? T'as pas inondé la salle de bains, au moins ? »

Parce que oui, l'amour, c'est se dire que même dans les situations les moins glamour, l'autre est toujours là, à sourire, à aimer, et parfois... à allumer un bâton d'encens pour survivre.

L'amour, c'est être soi-même, tel qu'on est, sans gêne, sans artifice. C'est accepter l'autre avec ses petites bizarreries, et être accepté en retour. C'est se sentir libre, en sécurité, aimé pour ce que l'on est vraiment, sans masque ni parade. Et c'est cette simplicité, cette évidence, qui le rend si beau. Comme on le dit souvent, on tombe amoureux de quelqu'un pour ses qualités, mais on l'aime ensuite pour ses défauts.

PETITE MORT OU ENNUI MORTEL

Le sexe, quant à lui, c'est comme un bon tango : quand c'est bien fait, on danse toute la nuit, l'âme et le corps en fusion. Quand c'est raté? On dirait une valse loupée, vous savez, quand on vous marche sur les pieds.

Mon Dieu, on compte les secondes jusqu'à la fin, en se demandant si on n'a pas laissé une casserole sur le feu.

Ou pire, on se met à analyser la peinture du plafond en se disant que vraiment, un coup de blanc ne ferait pas de mal.

Et puis il y a ces moments où l'autre se prend pour un chorégraphe avant-gardiste. « Fais ça, non pas comme ça, là ! Oui, là ! Non, attends, oublie, c'était mieux avant. » À ce rythme, on finit par se demander si on est au lit ou en train de répéter une chorégraphie de Kamel Ouali.

Et quand ça se termine enfin – alléluia –, il y a toujours ce silence gênant, où vous êtes là, figé(e), en mode : « Dois-je applaudir ? Faire semblant de m'évanouir ? Ou partir sur un : "C'était... intéressant" ? » Une véritable symphonie de malaises, avec, en arrière-plan, votre âme qui murmure : « Plus jamais ça, OK ? »

La grande question : on se met à poil ou pas ? Parce que dans la vraie vie, on est loin des scènes torrides de films. Là, c'est du concret. Est-ce qu'on enlève tout d'un coup, façon strip-tease express, ou est-ce qu'on fait dans le progressif, histoire de laisser un peu de suspense ? Et surtout, est-ce qu'on garde les chaussettes ? Parce qu'honnêtement, il n'y a rien de moins sexy que des pieds gelés. Sans compter que cela pourrait lui donner la désagréable sensation de pratiquer une autopsie. Je déconseille.

Les chaussettes blanches qui dépassent sont aussi un vrai tue-l'amour. C'est incroyable comme un si petit détail peut ruiner tout un scénario érotique. Vous êtes là, dans l'instant, prêt(e) à vous laisser emporter par une vague de passion, et soudain... fin du *game*. Vous ne voyez plus l'autre, vous voyez juste un gymnaste des années 1980.

Et pourtant, il y en a toujours un pour défendre sa cause : « Mais j'ai froid aux pieds ! » Pardon ? Froid aux pieds ? Moi, c'est tout le reste que ça refroidit de te voir en chaussettes. Et la sensualité dans tout ça ? Si on commence à accepter les chaussettes blanches, c'est quoi la prochaine étape ? Une doudoune? Parce qu'à ce rythme, autant arrêter tout de suite et passer directement à la verveine.

Bref, le sexe, c'est un art, pas un stage de survie. Alors, un conseil : laissez les chaussettes dans le panier à linge, où elles ne risqueront pas de tout saboter.

Puis vient le débat : lumière ou noir complet ? Le dilemme. La lumière directe, c'est risqué : personne n'a envie de se retrouver avec une vue détaillée de son anatomie comme dans un bloc opératoire. Mais dans le noir total, on peut se retrouver à chercher l'autre comme dans un colin-maillard.

Et puis, il y a le rituel de la salle de bains. Parfois on se demande si l'autre n'a pas fait un malaise. Et quand il ressort enfin, tout frais et hydraté de partout avec une haleine digne d'une pub pour dentifrice, on s'est endormi, un filet de bave au coin de la bouche, glamour niveau zéro...

Après l'effort ? Alors là, deux types de personnes : celles qui veulent dormir comme des bébés et celles qui, infatigables, pensent qu'un *bis repetita* est une excellente idée. Moi ? Basta. Parce qu'entre nous, après une telle séance cardio, je rêve d'un oreiller moelleux et d'un bon sommeil réparateur. Mais il y a toujours cet énergumène qui vous regarde avec un sourire en coin : « On remet ça? », « Oui remettons ça... à demain. Bonne nuit! »

Et le grand final : dormir tout nu ou pas ? Sur le papier, c'est sexy. Dans la réalité, c'est la guerre des draps. L'un se transforme en burrito en s'enveloppant dans toute la couette, pendant que l'autre gèle sur le bord du lit, à envisager de dormir habillé. Ajoutez à ça les ronflements, les bruits incongrus, et parfois même des conversations absurdes en plein sommeil... (S'il parle encore de sa mère, il finit sur la descente de lit.) Non, mais moi, je rêve juste de dormir.

Au réveil, c'est le moment de vérité : est-ce qu'on se réveille en mode câlin romantique ou est-ce qu'on se lève en ramassant nos vêtements éparpillés comme à une vente de soldes ?

Bref, l'art de la séduction, c'est ça : un mélange de spontanéité, de timing et d'un peu de culot. Alors, pourquoi ne pas y aller franco, en misant sur votre meilleur sourire, celui qui dit « Regarde-moi, je suis incroyable, mais pas au point de te faire peur » ?

Mais quand tout s'aligne, timing parfait, une petite étincelle dans l'œil et cette repartie qui tombe comme un bouquet final... Là vous êtes une légende. Jusqu'à ce que vous trébuchiez en voulant partir avec classe. Parce que oui, l'art de la séduction, c'est aussi savoir rire de soi.

Et se relever. Toujours. Avec panache.

5 tips
pour maîtriser l'art de la séduction

1 La pose royale.

Installez-vous dans un canapé comme si vous étiez sur un trône secret. L'élégance réside dans le détail, et le mystère dans l'assurance.

Et lorsque l'on vous pose une question, prenez trois secondes avant de répondre, comme si chaque mot qui allait sortir de votre bouche était une perle rare. Attention au timing, au-delà de cinq secondes, c'est risqué. Effet inverse : l'autre pourrait se dire que vous êtes complètement demeuré(e).

Soyez mystérieux(se), mais juste ce qu'il faut. Laissez entendre que vous avez une vie fascinante, sans trop en dévoiler, mais veillez à ce que ce ne soit pas *too much*.

2 Le glamour, c'est dans l'attitude, pas dans la perfection.

Arrêtez de stresser sur vos petits défauts. Une cicatrice ici, un tatouage que vous regrettez là, ou même une maladresse dans vos mouvements : tout ça fait partie du charme. L'important, c'est de ne pas se prendre au sérieux. Rien n'est plus séduisant que quelqu'un qui assume ses imperfections et sait en rire. Alors, lâchez prise, amusez-vous !

3 Le pouvoir des détails incongrus.

On se souvient toujours de la personne qui sort du lot. Osez le détail marquant : une écharpe vintage, un serre-tête ou des chaussures dorées (bon, pas tout en même temps). Les gens adorent les prétextes pour entamer une conversation, et un accessoire décalé peut devenir votre meilleur allié (à l'exclusion de la banane autour de la taille qui sera toujours disqualifiante).

4 Faites une entrée théâtrale... mais subtile.

Quand vous arrivez quelque part, ne vous précipitez pas. Prenez une seconde pour regarder la pièce comme si vous faisiez une évaluation secrète, puis avancez avec une démarche assurée. L'idée, c'est de donner l'impression que vous êtes la vedette et que c'est totalement naturel.

5 Soyez inoubliable par votre manière de rire.

Rien de plus séduisant qu'un rire unique, communicatif, mais pas forcé. Si quelque chose vous amuse, riez franchement. Votre rire doit être une signature, comme une empreinte sonore qu'on associera immédiatement à vous. N'en faites pas trop non plus. Personne n'a envie de sortir avec un goéland.

« Séduire, c'est comme sauter en parachute sans parachute. La bonne réception n'est pas garantie. Et gardez bien en tête que le mot "séduction" est l'anagramme du mot "éconduits", ça permet de se rappeler que l'exercice est périlleux. »

RECETTE MAGIQUE POUR

Un masque sublimant à la rose et au miel

Ingrédients

1 cuillère à soupe de miel pur (idéalement bio) • 1 cuillère à soupe d'huile de rose musquée ou d'huile d'argan • 1 cuillère à café de poudre de rose (facultatif, pour un effet parfumé intense) • 2-3 gouttes d'huile essentielle de rose ou de lavande (facultatif, pour encore plus de parfum)

Préparation

Mélangez tous les ingrédients dans un bol jusqu'à obtenir une pâte homogène.

Appliquez sur le visage en évitant le contour des yeux.

Laissez poser 15 minutes en imaginant votre prochaine conquête.

Rincez à l'eau tiède et admirez l'effet « peau de rose ».

3.
RIRE SOUS LA PLUIE... MÊME SANS PARAPLUIE

L'art d'aller bien quand tout va mal

REPRENDRE LES RÊNES : GUIDE CHIC, CHOC ET DÉCALÉ POUR AFFRONTER LES GALÈRES DE LA VIE

Ce chapitre, c'est votre guide ultime pour transformer vos galères en stand-up (dont vous êtes la star, évidemment). L'idée ? Apprendre à rebondir avec panache, rire de vos mésaventures et repartir comme si de rien n'était, ou presque. Parce que si la vie insiste pour vous mettre des bâtons dans les roues, autant en faire un feu de joie.

On va faire en sorte que, même en pleine tempête, vous puissiez vous dire : « Bon, c'est la cata, mais au moins, je suis fabuleux(se) ! » Vous allez rire, réfléchir, et repartir armé(e) de conseils décalés pour éviter de sombrer dans le drame (ou dans un pot de Nutella).

Après tout, Churchill disait : « Le succès, c'est d'aller d'échec en échec sans perdre son enthousiasme. »

C'est parti, on attaque !

OH LÀ LÀ ! CATASTROPHE TOTALE ? STOP !

Posez ce café que vous êtes sur le point de renverser, inspirez profondément, et laissez-moi vous dire une chose : vous allez vous en sortir. Oui, oui !

Respirez. Posez cette boule de stress qui menace de vous étouffer. On fait une pause, un *reset*, et on repart ensemble.

Parce que, soyons honnêtes, à moins que vous soyez encore à l'âge des bacs à sable, ce n'est pas votre première tempête. Regardez un peu derrière vous : c'était douloureux, c'était injuste, c'était moche... mais c'est passé. Et devinez quoi ? Vous êtes encore là. Plus fort(e), plus sage, peut-être même un peu plus sexy, qui sait ? Les coups durs, c'est comme des baffes : ça pique, mais qu'est-ce qu'on apprend !

Vous êtes là, en un seul morceau (ou presque), prêt(e) à repartir de plus belle.

Chaque baffe, chaque galère, chaque faux pas vous a façonné(e). Vous êtes comme un bon vin : chaque année un peu plus raffiné(e), un peu plus savoureux(se), et parfois, un peu plus corsé(e). Alors, oui, la vie secoue. Oui, ça pique. Mais devinez quoi ? Ça réveille aussi.

Une vie sans ennuis serait très ennuyeuse, non ?

Et aujourd'hui, on va transformer ces cicatrices en accessoires de mode.

Alors ? Prêt(e) pour le show ?

Quand quelque chose ne se déroule pas comme prévu, la déception est là et on a tendance à ruminer, à avoir le doigt collé sur la touche *replay* de cette contrariété.

Vous ressentez ce goût amer, ce mélange d'injustice et de frustration, cette envie de tout envoyer balader, de crier sur votre livreur Amazon, ou pire, d'envoyer un texto rageur à votre ex juste pour soulager vos nerfs... mais ce n'est pas une bonne idée ! (Imaginez qu'à cette occasion, il (ou elle) morde à l'hameçon et reprenne contact. Vous passez de un à deux problèmes. On appelle ça la double peine.)

Mais, surprise : quelques années plus tard, en jetant un coup d'œil dans le rétro... BAM ! Vous vous rendez compte que cette épreuve, aussi insupportable qu'elle ait été, a changé votre vie pour le meilleur. Oui, même ce moment où vous pensiez que votre monde s'écroulait.

Vous comprenez que cette galère était une bénédiction déguisée. Ce truc insupportable qui vous donnait envie de hurler pourrait bien être la meilleure chose qui vous soit arrivée. Peut-être qu'il fallait que cette porte se ferme pour que vous puissiez en ouvrir une autre, plus grande, plus belle, plus vous. C'est comme un relooking spirituel : parfois, il faut tout enlever pour reconstruire.

Quand tout semble partir en vrille, souvenez-vous : tout passe. TOUT. Les mauvais jours, les mauvaises nouvelles, les mauvaises personnes. La clé, c'est de ne pas se perdre en route.

Et puis franchement, pourquoi se contenter de broyer du noir quand on peut repeindre sa vie en couleurs ? Vous êtes un(e) guerrier(e), un(e) conquérant(e) avec une armure sur mesure (et, si possible, une touche de style). Ce n'est pas parce que le chemin est semé d'embûches que vous devez jeter l'éponge. Votre pire ennemi ? Le « self-pity », ou le fait de vous apitoyer sur votre sort.

Alors, on évite le jogging défraîchi, la série Netflix en boucle et la cuillère dans le pot de Nutella (car vous ne rentrerez même plus dans le jogging défraîchi. Ce qui n'est pas une si mauvaise nouvelle, à bien y réfléchir).

Non, non, non. Ce n'est PAS une option. Habillez-vous, relevez la tête et reprenez le contrôle. Tant que vous ne gagnez pas, la bataille n'est pas finie.

En général, quand tout va mal, c'est un peu la loi des séries. « Les emmerdes, ça vole toujours en escadrille », disait Jacques Chirac. Alors, un conseil : arrêtez de courir pour répondre au téléphone ou de marcher sans regarder où vous mettez les pieds.

Combien d'orteils martyrisés ou de chevilles tordues pour un appel qui, soyons réalistes, pourrait être une pub pour des fenêtres double vitrage ? Si le téléphone sonne, marchez avec grâce, tel un mannequin sur un podium. Et si vous ratez l'appel ? Eh bien, la Terre continuera de tourner. La personne rappellera. Rien, absolument rien, ne vaut un sprint frénétique qui pourrait finir en plâtre et en lamentations. Et n'oubliez jamais : pas de message sur le répondeur = ça peut attendre des heures.

Ah, les listes ! Mes meilleures alliées. Moi, quand tout va mal, je m'installe à mon bureau, j'allume une bougie parfumée et je prépare une super *to-do list*. Une liste de gens à appeler, de projets à relancer, de choses positives à faire. Écrire, c'est déjà reprendre le contrôle. Et puis, entre deux tâches, j'adore me regarder dans le miroir, m'envoyer un clin d'œil complice et, parfois, un petit bisou. Essayez, je vous jure que ça fonctionne.

MIEUX VAUT MÉDITER QUE MÉDIRE

Parlons de la méditation, car non, elle n'est pas réservée aux moines tibétains.

Je médite depuis quarante ans, chaque jour, sans faute. Je me réveille à 6 heures, et ma journée commence avec ce rituel incontournable. C'est simple : je ne peux pas vivre sans. La méditation est devenue aussi essentielle à ma vie que respirer.

Je médite environ quarante minutes chaque matin. Je sais, ça peut sembler fou pour certains, mais c'est devenu mon instant de pure extase, un vrai shoot d'énergie et de sérénité.

Quand j'en parle autour de moi, la réaction est presque toujours la même : « Ah, j'ai essayé plusieurs fois, mais je n'y arrive pas. » Alors, je vous le dis tout net : si moi j'y parviens, vous aussi, c'est certain! Avec un peu de discipline (comme pour tout dans la vie), on y arrive. Même dix petites minutes par jour peuvent changer votre existence.

Comment faire? Trouvez un coin calme, allumez une bougie, mettez une musique douce et concentrez-vous sur votre respiration. Oui, votre esprit va divaguer au début. Et alors?

Ce n'est pas un problème. Revenez simplement, doucement, à votre souffle. L'important, c'est de ne pas se juger et de savourer ce moment rien qu'à vous.

Alors allez-y, lancez-vous, je vous promets que vous ne serez pas déçu(e).

Essayez... et remerciez-moi plus tard !

LE BUREAU DES ENNUIS FERME À 19 HEURES

Soyez honnête : ça ne vous arrive jamais d'ouvrir vos e-mails à 20 heures, voire à 22 heures ? Allez, avouez. Mais il est temps de prendre une nouvelle habitude : à partir de 19 heures, on oublie la boîte mail. Oui, complètement.

Pourquoi ? Parce qu'une mauvaise nouvelle par e-mail, à cette heure-là, c'est le meilleur moyen de ruiner votre soirée, voire de vous offrir une magnifique nuit blanche.

Et franchement, gâcher un moment de détente ou de plaisir pour un problème qui, de toute façon, ne sera pas réglé avant le lendemain, c'est absurde, non ?

La mauvaise nouvelle peut attendre. Et devinez quoi ? Vous, en revanche, vous ne pouvez pas attendre pour recharger vos batteries. Le lendemain matin, avec une énergie toute neuve et un esprit clair, vous serez prêt(e) à affronter ce qui vous attend. À 19 heures pile, fermez tout, respirez un bon coup et profitez de votre soirée. Vous le méritez. Et si c'est vraiment urgent ?

Eh bien, la personne vous appellera par téléphone. Voilà, problème réglé.

Alors, que faire quand on a l'impression que tout s'effondre? Se lamenter sur votre canapé avec un pot de glace à la vanille comme si vous étiez l'héroïne d'une comédie romantique des années 1990? Non, merci. Vous méritez mieux. Bridget Jones s'en est bien sortie, alors pourquoi pas vous?

La vie n'est pas un long fleuve tranquille. Mais c'est ce qui en fait tout le sel. Donc quand tout semble partir en vrille, rappelez-vous : ce n'est qu'un moment, une étape, un virage.

Et c'est vous qui avez le volant. Gardez la tête haute, appliquez ces astuces et souvenez-vous : au final, c'est vous qui gagnez. *Olé!*

Voici ma méthode pour transformer une journée noire en un chef-d'œuvre lumineux!

5 tips
pour aller mieux quand tout va mal

1 La beauté d'abord : habillez-vous pour impressionner… vous-même !

Tout va mal, vous vous sentez au fond du gouffre ? Prenez une douche qui dure une éternité, appliquez cette crème que vous gardiez pour les grandes occasions et habillez-vous comme si vous aviez un rendez-vous galant, en star de cinéma. Mais ce rendez-vous, c'est avec vous-même. Il n'y a rien de plus encourageant que de se plaire dans le miroir. On dégage une énergie, une assurance, et vous verrez : la vie réagira à votre nouvelle vibration. Car si vous ne vous plaisez pas, pourquoi plairiez-vous aux autres ?

2 Achetez-vous un bouquet de fleurs : parce que vous le valez bien.

Peu importe si vous êtes seul(e) à la maison. Sortez, achetez un bouquet de fleurs fraîches et rentrez avec ce précieux trésor dans les bras. Le bruit du papier kraft, l'odeur délicate des fleurs, et voilà, votre humeur remonte d'un cran. Posez-les sur la table et admirez-les : elles sont là pour vous rappeler que la beauté peut exister même dans les journées les plus sombres.

3 Bougez : marchez, dansez, respirez.

Quand le moral est en berne, bouger est une arme secrète. Une longue marche dans un parc, avec une playlist qui booste le moral, peut faire des merveilles. Attention cependant : gardez un œil sur le chemin. Une chute sur un caillou mal placé, c'est tout sauf glamour.

Et si marcher ne vous tente pas, dansez ! Oui, même seul(e) dans votre salon. Mettez votre chanson préférée et laissez-vous aller. Rien de mieux pour réveiller l'énergie qui sommeille en vous (sur l'une de mes chansons, c'est bien sûr encore mieux !).

4 L'art du tri : désencombrez votre vie.

Quand votre esprit est embrouillé, mettez de l'ordre autour de vous. Triez vos vêtements, vos papiers, vos placards. Débarrassez-vous de tout ce qui ne vous sert plus. Ce geste symbolique – jeter le superflu – agit comme un véritable baume pour l'esprit. Et croyez-moi, le simple fait de ranger un tiroir peut être plus thérapeutique qu'une séance chez le psy.

Et mieux vaut vider ses tiroirs que son compte en banque.

5 Dressez un inventaire de tout ce qui va et de tout ce qui ne va pas.

Prenez une feuille et divisez-la en deux colonnes. Dans la première, notez tout ce qui ne va pas. Oui, tout. Ensuite, dans la seconde, écrivez ce qui fonctionne dans votre vie.

Surprise ! Cette dernière liste sera souvent plus longue que vous ne l'imaginez. Relisez-la, et vous voyez ? Votre vie est déjà plus belle.

« La vie, c'est comme une paire de talons trop hauts : parfois, ça fait mal, parfois, on vacille... mais avec un peu d'équilibre et beaucoup de confiance, on finit toujours par marcher comme une reine. »

RECETTE

La tarte aux galères (spécialité maison)

Ingrédients

1 pâte feuilletée (parce que malgré tout, il faut du croustillant) • 3 l de larmes de frustration (à réduire en un sirop de sagesse) • 2 poignées de souvenirs gênants (histoire de relever le goût) • 1 bol de bonnes résolutions (bien fermes, surtout pas trop liquides) • 1 pincée de sarcasme (ou 1 louche, selon votre style) • 3 éclats de rire (ou plus, si vous êtes généreux(se)) • 1 zeste d'autodérision (indispensable)

Préparation

Préchauffez votre esprit à 180 °C de positivité.

Étalez la pâte feuilletée de vos meilleures intentions.

Dans un grand bol, mélangez les larmes de frustration avec les souvenirs gênants jusqu'à obtenir une préparation homogène. Ajoutez les bonnes résolutions pour solidifier le tout.

Saupoudrez de sarcasme et parsemez d'éclats de rire pour alléger la texture.

Versez le tout sur la pâte et enfournez pendant 30 minutes, ou jusqu'à ce que ça sente la légèreté retrouvée.

Avant de servir, râpez un zeste d'autodérision pour sublimer le plat.

Astuce

À savourer seul(e) ou entouré(e), avec un verre de « tout va bien » à la main. Et souvenez-vous : même si la tarte est un peu bancale, elle a toujours meilleur goût quand on y met du cœur.

4.

« *NO BODY* » *IS PERFECT*

**La bouffe,
la minceur, la beauté,
les obsessions du siècle**

COMMENT S'ACCEPTER TEL QUE L'ON EST ?

Alors voilà, la minceur, la beauté, la jeunesse éternelle... On tombe tous dans ce piège un jour ou l'autre. Et pourtant, au fond, on sait que tout ça, c'est une vaste blague.

La quête du corps parfait et de la peau lisse, c'est comme se dire qu'on va faire un marathon en moins de deux heures. C'est impossible et dans les deux cas, ça peut très mal se finir pour notre corps. Et après tout, ce n'est pas plus mal. Le charme naît de nos imperfections. Vous imaginez un monde où nous aurions tous le physique d'une image créée par l'intelligence artificielle ? Angoissant, non ? L'objectif, ici, c'est de rire de ses obsessions, de les tourner en dérision et surtout, de se réconcilier avec soi-même. Parce que, franchement, la vie est trop courte pour compter les calories dans une coupe de champagne ou pour pleurer devant une ride qui ose pointer le bout de son nez (sans compter que ces larmes vont en plus faire couler votre maquillage et empirer la situation). Mais en toute honnêteté, une vie bien remplie et un visage légèrement retouché ? J'achète.

LA PERFECTION = LA PIRE FICTION

La perfection est une illusion. Prenons cette fameuse robe moulante – oui, celle qu'on rêve de porter pour éblouir tout le monde à une soirée. C'est parti pour la journée de survie : pas une miette de pain, pas un carré de chocolat, et surtout pas d'eau gazeuse (parce que les bulles, on le sait, ça fait gonfler). Vient enfin le moment de l'enfiler, cette robe. On retient son souffle, on rentre le ventre comme si on s'entraînait pour une compétition de plongée, et hop, la fermeture Éclair tient bon (miracle !). Devant le miroir, on se sent fière, presque divine… mais on ne peut pas respirer. Avouez qu'à moins d'être une adepte du « Sois belle et tais-toi », cette option vous garantit la pire des soirées. Posture rigide, rires contenus avec cette crainte qu'à tout moment un simple hoquet fasse craquer le tout à la manière de la chemise de Hulk. Tout ça pour une robe ? Non merci.

Moi, c'est fini. Maintenant, je choisis le confort. Et si mon petit ventre se montre un peu ? Qu'il fasse sa star, je l'aime ! Pourquoi gâcher une soirée pour une robe ? Une soirée, c'est fait pour s'amuser, pas pour jouer à cache-cache avec soi-même.

Vivre, rire et respirer, c'est bien plus chic. Et vital ! Vivre sans respirer n'est scientifiquement pas possible. Une robe sirène trop serrée risque bien de vous faire entendre d'autres sirènes… celles des pompiers !

Et c'est justement ça, le programme : on va rire des diktats, s'amuser de nos contradictions, et célébrer tout ce qui fait de nous des femmes et des hommes uniques. Parce qu'ici, on ne va pas chercher la perfection, mais bien l'authenticité. Et ça commence maintenant.

SUS AUX RÉGIMES AUTORITAIRES

Ah, les régimes. Ce sont comme les ex toxiques : on jure qu'on n'y reviendra plus, mais il suffit d'une pub pour une « détox miracle » ou d'une copine qui a perdu 3 kilos en ne mangeant que du chou pour qu'on replonge. « Cette fois, je vais tenir ! » Et ça commence bien : thé vert, quinoa, petites salades instagrammables... Jusqu'au moment où on arrive à table et qu'on se retrouve à piquer dans toutes les assiettes des autres. Le lendemain, c'est l'engrenage : « Tant qu'à avoir craqué, autant finir la tablette de chocolat. » Résultat ? Les bonnes résolutions fondent comme neige au soleil. Et les kilos reviennent comme après une raclette à la montagne.

Un jour, j'ai suivi un régime qui interdisait tout : le pain, le fromage, les pâtes et même les fruits (parce que trop de sucre naturel, paraît-il). Au bout de trois jours, je n'étais plus qu'un mélange d'irritabilité, d'ennui et, disons-le franchement, d'antipathie. En continuant comme ça, j'aurais perdu plus d'amis que de kilos.

J'ai tenu une semaine. Une semaine où, chaque nuit, je rêvais que je dévorais une assiette géante de spaghettis bolognaise, saupoudrée de parmesan. Un matin, au réveil, cela a été le déclic. J'ai attrapé mon téléphone, appelé une amie, et on est allées s'offrir un bon dîner, suivi d'un énorme dessert. Est-ce que j'ai regretté ? Pas une seconde.

Et les régimes à la mode, vous connaissez la rengaine ? « Tu as entendu parler du régime machin ? Et du régime truc ? » On les voit partout : à la télé, dans les magazines, à la radio, sur les étagères des librairies. Avec souvent des photos avant/après qui sont très impressionnantes. Et pour cause, pour le cliché du « avant », la personne gonfle son ventre façon baudruche et s'habille en XS pour garantir l'effet « petit boudin apéritif »... Et pour la photo du « après », elle aspire ses entrailles en apnée façon *Le Grand Bleu*.

Pendant des semaines, tout le monde parle de cette nouvelle méthode comme si c'était la solution miracle.

Puis, quelques mois plus tard, on apprend que ce régime miracle n'a rien de miraculeux, qu'il est inefficace ou, pire, qu'il peut être dangereux. Et pourtant, un nouveau apparaît aussitôt, et hop, on passe au suivant. C'est sans fin.

Au final, la seule chose qui fond vraiment, c'est votre compte en banque.

Vous connaissez le jeûne intermittent ? Celui que tout le monde vante comme la méthode ultime. Franchement, pour le réussir, il faut être enfermé chez soi, triste, à regarder *Top Chef* en espérant se nourrir par procuration. Et ne parlons pas des soirées entre amis...

Une fois, j'ai invité une copine adepte de cette torture moderne. Elle a insisté pour venir, malgré son « jeûne sacré ». Résultat : elle a passé la soirée à me regarder manger, les yeux grands ouverts, comme un chien qui quémande un bout de steak. Vous aimez, vous, qu'on vous regarde manger avec insistance ? Moi, ça me met les nerfs en boule.

Et puis le lendemain, quand elle a enfin le droit de manger, c'est l'orgie. Elle se jette sur tout ce qui passe à sa portée, comme si elle n'avait pas mangé depuis un mois. Un peu comme si un abstinent du Dry January se sifflait un tonneau de whisky le 1er février à minuit.

Ça marche peut-être pour certains, mais moi, j'aime trop ma vie sociale et mes repas pour m'infliger ça. J'adore manger à chaque repas, équilibré, et savourer chaque bouchée. Mon petit secret ? Ma pomme de 16 ou 17 heures, mon rituel sacré, que je ne sacrifie pour rien au monde. Je l'appelle « ma pomme d'amour »... Elle m'évite de succomber aux régimes « bonne poire ».

Et puis, il y a la ménopause... ce moment merveilleux où votre corps décide de se mettre en mode free-style, et vous, vous n'avez plus qu'à suivre. Les bouffées de chaleur, c'est déjà une aventure en soi : une seconde vous êtes bien, et la suivante, vous avez l'impression de traverser le Sahara en plein mois d'août. Et que dire de ces fameuses rondeurs ? Elles s'installent tranquillement, sans prévenir, et surtout sans votre accord. Des squatteuses que même des squats ne suffisent pas à déloger. Vous mangez une soupe, vous buvez un verre d'eau, et pourtant, vous n'arrivez plus à enfiler votre jean. Mais d'où ça vient ? Mystère.

Et ne parlons pas de l'humeur... Un vrai festival émotionnel. Un jour, vous envoyez tout le monde balader parce qu'on a osé poser une tasse sur votre table, et le lendemain, vous pleurez devant une pub pour des biscuits pour chien. Tout devient une tragédie ou une comédie dramatique, selon l'heure de la journée. La ménopause fait de vous une vraie *drama queen*.

Alors oui, on fait un peu attention, parce qu'on n'a pas envie de se laisser totalement aller, mais franchement, les régimes stricts qui vous privent de votre joie de vivre? Très peu pour moi. Je préfère savourer tous les plaisirs de la vie, m'autoriser un petit dessert et garder un équilibre sans me priver. Parce qu'à la fin, ce qu'on retient, ce n'est pas le chiffre sur la balance, mais les moments partagés autour d'une belle table et les éclats de rire.

La vie, même avec quelques rondeurs en plus, reste un festin.

Et maintenant, il y a les fameuses piqûres miracles, ces injections magiques qui transforment une silhouette enrobée en une taille mannequin en trois mois. Vous avez vu les avant/après sur Instagram(mes)? Incroyable. Mais quid des effets secondaires? Prendre le risque de ruiner sa santé pour perdre quelques grammes? Personnellement, je préfère une silhouette naturelle, un peu imparfaite, mais pleine de vie et de charme.

SAUVEZ VOTRE PEAU

Côté beauté, c'est pareil. On souffre pour être beau ou belle, on le sait. Mais parfois, je me demande si on n'en fait pas un peu trop. Les crèmes hors de prix qui promettent de faire disparaître nos rides comme par magie, les traitements esthétiques qui nous laissent la peau rouge tomate pendant deux jours... Et à la fin, on se regarde dans le miroir en espérant un miracle. Alors, certes, on a l'air un peu plus tendu que d'habitude. Mais ça, c'est lié à la contrariété engendrée par le prix de ce soi-disant élixir de jouvence. Moi, j'ai arrêté de croire aux miracles le jour où ma crème « effet lifting immédiat » m'a coûté plus cher qu'un week-end à Rome et n'a fait que me donner une allergie.

Mais je vais être honnête : j'ai craqué, moi aussi. Oui, il y a quelques années, j'ai sauté le pas du lifting. Oh, rien de dramatique, juste une petite remise en tension. Pendant les premiers jours, je souriais comme si quelqu'un avait scotché mes joues en arrière. Mes expressions faciales ? Disons qu'elles avaient leur propre timing. Et encore, j'avais choisi l'option la plus *light*. Je connais des lifté(e)s qui doivent choisir entre rire ou s'asseoir !

Aujourd'hui, mon arme secrète, c'est un bon sérum, une gymnastique faciale du sourire, et une lumière tamisée dans la salle de bains. Et quand je croise mon reflet, je me dis : « Pas mal pour une femme qui a traversé les décennies avec style. »

Vous avez entendu parler des implants fessiers ? Ça coûte justement la peau des fesses et c'est un peu comme rajouter des oreillers dans un canapé déjà confortable : est-ce vraiment nécessaire ? Mais admettons, vous optez pour un fessier rebondi façon star des réseaux sociaux. Et là, les vrais défis commencent.

Prenons les toilettes : ça devient vite un exercice d'acrobatie. Il faut trouver la bonne position sans perdre son équilibre. Et en cas de chute, je crains l'effet « tortue sur le dos » et que la surcharge fessière vous empêche de vous relever. Et puis, vu de dos, ce n'est pas toujours harmonieux. On a souvent l'im pression d'être derrière l'un de ces convois exceptionnels qui avancent très lentement et obstruent la vue sur l'autoroute.

Quant aux chaises étroites... S'asseoir devient une épreuve où chaque millimètre compte. Bref, ce n'est pas pour moi. Si un siège est inconfortable, je préfère encore rajouter un joli coussin pour mes discrètes petites fesses. Élégant, pratique, et surtout bien plus tranquille. D'autant que, renseignements pris, l'opération n'est pas une partie de plaisir. Vous ne pouvez ni vous allonger sur le dos ni vous asseoir pendant dix jours. Comme je ne sais toujours pas dormir en lévitation, j'oublie cette option.

Et de nos jours, il y a ces injections miracles pour le visage. Les avant/après sont fascinants : on voit des visages tendus comme des draps fraîchement repassés, des joues rebondies et des lèvres qui semblent défier toutes les limites de la nature. Mais, comme toujours, il y a un « mais ». Parce que, dans la vraie vie, le Botox, c'est un peu comme la pâtisserie : il suffit d'une petite erreur pour que tout parte en vrille.

Tenez, une amie à moi (que je ne nommerai pas, mais qui se reconnaîtra) a voulu s'offrir un « petit rafraîchissement ». « Une retouche légère », disait-elle. Résultat ? Elle s'est retrouvée avec un sourcil plus haut que l'autre, comme si elle vivait dans un état permanent de surprise. Chaque fois qu'on la voyait, impossible de ne pas éclater de rire. Et que dire de celles qui nous donnent l'impression d'être au département des momies égyptiennes du Louvre... « Je ne fais plus mon âge, non ? » « En effet, plus rien ne permet de te *dater*... »

Et c'est bien là le problème des piqûres miracles : entre le visage figé et les expressions involontaires, on hésite à franchir le pas. Cela dit, quand c'est fait avec subtilité et par un vrai professionnel, le résultat peut être bluffant. Retenez juste qu'en la matière « less is more ». Le mieux est souvent l'ennemi du bien.

Et attention, ne cédez pas à la tentation du prix cassé. On ne négocie pas avec son visage, sauf si on veut finir avec des sourcils qui jouent à « qui monte le plus haut ».

5 tips
pour être la plus belle

1 Ne testez jamais une nouvelle crème avant un grand événement.

Sinon vous risquez de briller, mais seulement sur le plan cutané ! Rien n'est moins glamour qu'une éruption sur le front, juste avant ce fameux dîner où vous vouliez être la plus belle. La nouveauté, c'est excitant, mais votre peau, elle, préfère la stabilité.

2 Ayez toujours dans votre placard une tenue qui dit : « Peu importe ce que tu as mangé, je te rends sublime. »

Votre *fashion plan B* : cette robe ou ce pantalon magique qui vous donne l'air d'avoir tout sous contrôle, même si vous avez passé la veille à déguster des pâtes à la truffe. C'est un investissement dans votre sérénité.

3 Ne menez jamais d'expérimentations sur vos cheveux après 21 heures.

Après 21 heures, on est fatigué(e), on manque de recul, et pourtant, c'est toujours à ce moment-là qu'on a cette idée géniale : « Et si je coupais juste cette petite mèche qui dépasse ? »

Sauf qu'au lieu de « juste », vous finissez avec un escalier capillaire, proche de la coupe d'un footballeur, que même votre coiffeur n'arrivera pas à rattraper. Résultat ? Vous passez deux semaines avec un bonnet vissé sur la tête. Alors, un conseil : reposez ces ciseaux et allez dormir. Vos cheveux vous remercieront.

4 Faites attention au *contouring* à la mode.

Le *contouring*, c'est tentant, mais n'oubliez pas : vous n'êtes pas là pour reproduire les reliefs de la planète Terre sur votre visage. Allez-y avec légèreté, et surtout, estompez, estompez, estompez ! Sinon, vous risquez de croiser des regards perplexes toute la journée, et des gens qui se demanderont si vous préparez une pièce de théâtre ou si vous vous entraînez déjà pour Halloween. Un bon *contouring* doit sublimer, pas effrayer.

5 Oui, vous êtes canon.

Bougez, mangez bien, dormez… mais pas pour ressembler à quelqu'un d'autre. Faites-le pour vous, pour ce moment magique où vous croiserez votre reflet dans une vitrine et penserez : « Wow, cette femme, c'est moi. Et je suis canon. »

« La chirurgie esthétique
est à l'être humain
ce que le tuning
est à l'automobile,
ça coûte cher et c'est
rarement joli. »

RECETTE

La beauté parfaite (à prendre avec un grain de sel)

Ingrédients

1 grande dose de confiance en soi • 2 cuillères à soupe de sourires sincères • 3 éclats de rire bruyants (au moins) • Quelques gouttes de sérum hydratant (parce que quand même, la peau, c'est sacré) • 1 zeste de folie pour relever le tout • 1 pincée de fard à paupières bien estompé (facultatif, mais toujours efficace)

Préparation

Mélangez la confiance en soi et les sourires jusqu'à obtenir une base solide et lumineuse.

Ajoutez les éclats de rire en les incorporant doucement pour qu'ils gonflent naturellement.

Appliquez une touche de sérum pour lisser les petits tracas (mais jamais pour cacher vos émotions).

Saupoudrez de folie, juste assez pour que tout le monde se souvienne de vous.

Terminez par une touche de fard à paupières pour rendre votre regard inoubliable.

Astuce

Ne cherchez pas la perfection, elle est déjà dans votre assiette de vie bien remplie. Servez chaud, froid ou comme bon vous semble, et savourez chaque instant. Vous êtes déjà une œuvre d'art.

LE BONHEUR EST VOTRE MEILLEURE CRÈME DE JOUR

La quête de la beauté parfaite, c'est sympa pour les magazines, mais dans la vraie vie, ce qui compte, c'est la joie de vivre, les bons repas et les rires qui vous donnent des crampes. Alors, laissez tomber les régimes tristes, savourez chaque instant et n'oubliez jamais : le véritable luxe, c'est d'être bien dans ses baskets, ou pieds nus !

5.
LA ZEN ATTITUDE

Parler sans mordre ni sortir les griffes

La communication non violente, ou le *chill* verbal, n'est pas juste une méthode, c'est un véritable kit de survie émotionnelle. Dans un monde où tout va trop vite et où les disputes éclatent pour un « bonjour » mal interprété, le *chill* verbal est l'art de parler sans déclencher une troisième guerre mondiale. Son objectif? Transformer les conflits en dialogues constructifs, ramener la paix dans vos relations et éviter de finir avec une assiette de pâtes balancée à la figure. Avec le *chill* verbal, vous devenez un(e) pro de l'écoute, de la bienveillance et du « je réponds avec calme et amour même si j'ai envie de hurler ».

Mais attention, la communication non violente n'est pas une baguette magique. Elle demande de la patience, beaucoup même, une touche d'humour, et un mental d'acier. Imaginez que vous êtes un boxeur, sauf que vos gants sont en velours et vos coups des mots gentils. Oui, même si vous avez envie d'étrangler votre ado quand il répond « Oui, oui, je le fais après » pour la douzième fois, ou bien « J'arrive » et qu'une heure après il n'est toujours pas là. Parfois, cela demande de l'entraînement.

Dans ce chapitre, vous allez trouver des astuces simples, mais redoutablement efficaces, pour désamorcer les tensions, calmer les esprits, et sortir vainqueur des situations les plus explosives! Le tout sans avoir besoin de hurler ou de jeter un objet (même si l'envie est forte) – et sans finir en prison ! Que ce soit pour gérer un ado en pleine crise existentielle, un amoureux qui confond écoute et mode avion ou un collègue qui critique vos idées comme s'il était juré dans un télé-crochet, le *chill* verbal est votre meilleure arme.

Et croyez-moi, ça fonctionne dans tous les contextes : à la maison, au bureau, dans les embouteillages, ou même dans les aéroports où tout le monde est persuadé que râler fait avancer les files plus vite. Alors, accrochez-vous, car vous êtes sur le point de découvrir que même une situation tendue peut se transformer en un instant presque drôle (oui, on a dit presque). Et si ce n'est pas drôle sur le moment, vous en rirez plus tard – promis.

Prêt(e) à devenir un as de la parole douce? Suivez-moi dans ce voyage zen et efficace où chaque mot compte... et où aucun n'explose.

LES MOTS POUR GUÉRIR LES MAUX

Vous êtes la solution.

Parler avec bienveillance, c'est comme jongler avec des boules de cristal : il faut de la maîtrise, de la patience et un bon sens de l'équilibre.

Surtout quand la personne en face fait des remarques aussi piquantes qu'un oursin.

Mais voici le secret : tout commence avec vous. Oui, VOUS. Pas l'ado râleur, pas le patron colérique, pas l'amoureux tête-en-l'air. C'est toujours à vous de faire le premier pas.

Et pour cela, il y a une règle d'or : mettre votre fierté à la poubelle. Oui, je sais, c'est difficile. Votre ego crie « NON », mais croyez-moi, c'est le meilleur moyen d'avancer. Il n'est pas question de se rabaisser, mais de créer un espace où le dialogue peut enfin exister.

Alors, on inspire, on expire, on fait un câlin à son amour-propre et on le met de côté (temporairement, hein). Une fois ce cap franchi, vous serez surpris(e) de voir à quel point les tensions s'apaisent et à quel point vous pouvez transformer les conflits en discussions presque agréables (j'ai bien dit presque).

Pourquoi ? Parce qu'il ne tient qu'à une étincelle de transformer un incendie en feu de camp chaleureux. C'est la magie du dialogue. Faites l'expérience sur les réseaux sociaux. Prenez un message peu sympathique, voire franchement hostile à votre endroit, et répondez-y en mode « peace and love »... Vous serez étonné(e) de voir que l'auteur, déstabilisé par votre intérêt pour lui, va soudainement passer de berger allemand affamé à yorkshire à manteau écossais.

Mais soyons honnêtes, cette étincelle est parfois plus difficile à allumer qu'une allumette sous la pluie battante. Ce n'est pas naturel. Il faut s'entraîner. Cependant, avec un peu de pratique (et une bonne dose d'humour), vous allez vite voir que désamorcer les conflits peut même devenir un jeu.

Et si vous avez des doutes, rassurez-vous : même les meilleurs galèrent parfois. Oui, même les adeptes de la communication non violente finissent par avoir des pensées pas très zen en entendant le fameux « oui, oui, je le fais après » pour la cinquantième fois ou un « j'arrive » alors que la personne est encore sur le canapé. Mais l'important, c'est de ne pas baisser les bras.

Alors, prêt(e) à découvrir comment transformer une remarque bien tranchante en un sourire sincère ? À gérer un ado grognon, un collègue critique ou même un voisin un peu trop bruyant sans vous arracher les cheveux ? Bienvenue dans l'art de parler sans mordre, de répondre sans exploser et de vivre en paix, même avec les personnes les plus compliquées.

AVEC UN ADO : LE YO-YO ÉMOTIONNEL PERMANENT OU « MON FILS, MA BATAILLE »

Parler à un ado, c'est comme tenter de dresser un chat sauvage : il grogne, il râle, mais au fond, il a besoin de vous. Votre rôle ? Être ferme tout en restant doux(ce). Autorité en gant de velours : si l'ado vous lance un regard noir parce que vous lui demandez de ranger sa chambre, tenez bon. « Le roseau plie, mais ne rompt pas. » Vous êtes un parent, pas son service ménage. Ou alors, présentez-lui vos tarifs, qui risquent de réduire considérablement son pouvoir d'achat. Mais soyez disponible : quand il décide de vous parler à 23 heures, alors que vous rêviez déjà de votre oreiller, écoutez. Ça compte.

C'est épuisant, oui. Mais si vous tenez le cap, vous devenez cette figure rassurante à laquelle il pourra toujours se raccrocher. Et ça, même un ado en pleine crise existentielle finit par le reconnaître... un jour. Bon, il ne le dira pas avec ces mots. Attendez-vous plutôt à un vague « C'est bon, merci » marmonné entre deux gorgées de Coca.

Et si tout échoue ? Essayez la technique du *reverse psychology*, ou psychologie inversée.

Exemple : « OK, tu ne ranges pas ta chambre. Mais laisse-moi juste prendre une photo pour la montrer à tes copains. Ils doivent adorer ton style apocalyptique. »

Miracle : la chambre sera rangée en moins de deux heures.

AVEC VOTRE AMOUREUX(SE) : CHOISISSEZ VOS BATAILLES

Un(e) amoureux(se), ce n'est pas un défouloir. Si quelque chose vous énerve, faites une pause avant d'ouvrir la bouche. La règle d'or : jamais de reproches à chaud.

Exemple : il (elle) a encore oublié de vider la poubelle. Ne hurlez pas. Respirez. Puis dites, calmement : « Quand tu oublies la poubelle, je me sens un peu dépassé(e). Peux-tu m'aider à éviter ça ? »

Oui, c'est plus classe que « Tu ne fais jamais rien ici ! », et plus efficace aussi.

Et pour les cas désespérés, faites preuve de créativité :

Lui (elle) : « J'ai oublié, désolé(e). »

Vous : « Ce n'est pas grave, mon amour. Mais la prochaine fois, je la poserai au milieu du salon, comme ça elle ne pourra pas échapper à ta vigilance. »

Il (elle) rigolera (ou pas), mais il (elle) s'en souviendra.

CONTRÔLE PARENTAL : L'AMOUR QUI ÉTOUFFE

Ah, les parents. Ils vous aiment d'un amour débordant, mais parfois, leur affection ressemble à un câlin un peu trop serré qui vous coupe le souffle.

Exemple : vous montrez une photo de vous, prise la veille à une soirée, portant une nouvelle robe ou une tenue dont vous êtes très fier(ère). Et leur réponse ? Un lapidaire : « Cette couleur ne te va pas du tout. » Bam.

Comment réagir ? Avec une touche de finesse et beaucoup de calme : « Ah, c'est marrant, parce que moi, je trouve qu'elle fait ressortir mes yeux. Mais merci pour ton avis, maman. »

Répondez avec une gentille assurance qui montre que, non, leur commentaire n'a pas ruiné votre journée.

Et si ça continue ? Changez de terrain avec tact : « Tu sais quoi, parlons plutôt de toi. Cette écharpe que tu portes, c'est une super couleur, elle te va toujours aussi bien ! »

Et surtout, n'ajoutez pas : « Contrairement à ce pull qui te fait ressembler à un Dragibus. » Même si vous en avez très envie !

Un compliment bien placé détourne l'attention et allège l'atmosphère.

Petite astuce, si malgré tout les réflexions persistent, prenez les commandes de la conversation.

« Au fait, tu peux me donner la recette de ton délicieux gâteau aux pommes? Celui qui fait l'unanimité à chaque fois! »

Les parents adorent qu'on valorise leurs talents. Et avec un peu de chance, vous repartirez avec une recette… et plus de remarques sur votre tenue. C'est l'art de changer de conversation.

5 tips pour maîtriser la zen attitude

1 Le « regard de l'extraterrestre ».

Quand quelqu'un vous dit : « Tu ne fais jamais rien comme il faut! », fixez-le avec un regard intrigué, comme si vous veniez d'une autre planète, et répondez : « Intéressant. Tu peux développer? J'adore apprendre de mes erreurs. » Il sera trop décontenancé pour continuer à râler. Attention à ne pas trop forcer sur le côté hagard. Le regard doit quand même donner l'impression que vous êtes en mesure de comprendre quelque chose.

2 La méthode « bisou ».

Votre amoureux(se) s'énerve : « Tu n'écoutes jamais ce que je dis! » Avancez doucement, déposez un baiser rapide sur sa joue, et répondez avec un sourire : « Mais si, je t'écoute... sauf que tu es encore plus mignon(ne) en colère ! »

Ça désamorce la tension sans être lourd, et en bonus, ça lui rappelle pourquoi il (elle) vous aime (même quand il (elle) râle).

3 L'ultime stratégie pour les ados : le deal.

« Si tu ne ranges pas ta chambre, je posterai cette photo de ton doudou d'enfance sur Instagram... avec une légende super mignonne, genre : "Mon bébé d'amour, maman a retrouvé ton doudou. Tu vas bien dormir cette nuit !" »

Le regard horrifié de votre ado vaudra tout l'or du monde, et sa chambre sera rangée avant même que vous ayez fini de parler.

4 Le « zen au café ».

Le serveur est débordé et grognon :

Lui : « C'est pas possible, il faut attendre un peu ! »

Vous : « Prenez votre temps, je veux que mon café soit servi avec amour. J'attendrai. »

Résultat : il repartira avec un sourire (et vous aurez peut-être un café parfait). Cette méthode n'est hélas pas garantie à Paris. Vous pourriez attendre votre café un à deux jours.

5 Le « compliment stratégique ».

Votre boss est grognon en réunion :

Lui : « Pourquoi personne ne m'a prévenu de ce problème ? »

Vous : « Parce qu'on essayait de le régler avant que vous n'ayez à vous en préoccuper. On vous voit débordé, vous faites tellement de choses importantes, on ne voulait pas vous déranger avec ce détail. »

Un compliment bien placé peut désamorcer la tension tout en valorisant son rôle.

« Si on a du sang-froid, on gagne à tous les coups. Si on a le sang chaud, on ne gagne que des coups. »

RECETTE

Le smoothie antistress

Ingrédients

1 banane bien mûre (pour l'énergie et le réconfort) • ½ mangue (une douceur tropicale pour calmer les nerfs) • 1 poignée d'épinards frais (riches en magnésium, le minéral antistress) • 1 cuillère à soupe de graines de chia ou de lin (pour leurs oméga-3 apaisants) • 200 ml de lait d'amande (ou de lait de coco pour une touche exotique) • 1 pincée de cannelle (un parfum réconfortant et stimulant pour l'esprit) • Quelques glaçons • 1 touche de miel ou de sirop d'érable (facultatif) • 1 feuille de menthe ou 1 rondelle de citron (facultatif, pour la décoration)

Préparation

Épluchez la banane et la mangue, puis coupez-les en morceaux.

Placez tous les ingrédients, sauf le miel, dans un blender.

Mixez jusqu'à obtenir une texture lisse et crémeuse.

Goûtez et ajustez la douceur avec une touche de miel ou de sirop d'érable, si nécessaire.

Servez dans un verre, décorez avec la menthe ou la rondelle de citron pour l'effet « spa ».

Le smoothie ne résout pas tous les conflits, mais il adoucit les cœurs... et les papilles.

6.
POWERPOINT ET PAILLETTES

La recette du succès

TRANSFORMEZ CHAQUE JOURNÉE DE TRAVAIL EN UNE ŒUVRE D'ART – OU AU MOINS EN UN SKETCH MÉMORABLE

Le travail, c'est un peu comme une audition pour une grande pièce de théâtre. Parfois, on est la star du show, avec des applaudissements imaginaires à chaque e-mail envoyé à l'heure. Et d'autres fois, on est coincé dans le rôle d'un figurant qui prend la pluie pendant que les autres brillent au premier rang. Mais même dans les moments les plus absurdes, le travail demeure une opportunité, celle de s'épanouir, d'apprendre.

Parfois, il y a ces jours où l'on trébuche sur scène, mais où on improvise un pas de danse qui, miraculeusement, passe pour de l'audace.

Mais peu importe la scène : le travail reste un terrain de jeu où l'on peut rayonner, se surpasser et, parfois, grâce auquel on peut se payer ces chaussures hors de prix sous prétexte qu'elles sont « en solde ». Que vous soyez passionné(e) par votre métier ou simplement en quête d'un chèque pour financer l'achat de votre premier appartement, l'essentiel est de jouer votre rôle avec panache, humour et une pointe de folie.

Travailler, c'est un peu comme cuisiner : parfois, c'est gratifiant et savoureux, et d'autres fois, c'est un gratin de galères absolument indigeste.

L'objectif ici est de dompter cette routine qui peut être ingrate pour la transformer en un véritable terrain de jeu. Le travail ne doit pas être une corvée, mais un lieu où l'on peut se surpasser, s'amuser (oui, oui, c'est possible) et même, pourquoi pas, briller.

L'idée, c'est d'apprendre à jongler entre effort et plaisir, entre passion et raison, tout en évitant les pièges classiques du bureau : les réunions interminables, les collègues toxiques, les fameuses *deadlines* qu'on vous pose à 17 heures un vendredi, sans oublier les mails du chef angoissé qui arrivent le week-end, ponctués de la mention légale « Droit à la déconnexion : si ce mail vous parvient en dehors de vos heures de travail, vous n'êtes pas tenu d'y répondre ». Que vous soyez un(e) passionné(e) qui adore son job ou un(e) pragmatique qui y va pour payer les factures, ce chapitre est là pour vous montrer comment maximiser votre plaisir, minimiser votre stress et faire de chaque journée de boulot une aventure haute en couleur.

C'est aussi l'occasion de s'approprier le travail et d'en faire un espace de créativité, d'humour et, si possible, de bonheur. Alors, sortez votre plus beau stylo, votre mug préféré, et préparez-vous à rire autant qu'à conquérir. Parce qu'on va métamorphoser ces huit heures quotidiennes en une aventure digne d'un best-seller.

VIVRE POUR TRAVAILLER OU TRAVAILLER POUR VIVRE ?

That is the question! Mais en réalité, quand on est passionné par ce qu'on fait, la réponse devient évidente : on gagne à tous les coups. Travailler avec passion et amour, ce n'est plus vraiment du travail, c'est une source d'amusement et d'épanouissement. Et quand on s'amuse, on n'est ni stressé, ni épuisé. On devient plus créatif, plus audacieux, et surtout, on rayonne. Et ceux qui rayonnent finissent toujours par réussir, car le succès suit naturellement ceux qui vibrent pour ce qu'ils font. Alors, faites de votre travail un terrain de jeu, et chaque journée deviendra une aventure à savourer.

VOUS N'ÊTES PAS UN HAMSTER

Si ce charmant petit rongeur a un plaisir à chaque fois renouvelé à courir dans sa roue, il n'en est pas de même pour vous au travail. D'abord parce que faire du surplace n'est pas bon signe, mais aussi car refaire sempiternellement la même chose est d'un ennui abyssal. Évitez la routine, créez des enjeux pour que tout cela reste un jeu.

Le travail, c'est comme une relation amoureuse intense. Au début, tout est passion, curiosité et enthousiasme. Vous êtes prêt(e) à tout : faire des heures sup, ranger les dossiers par couleur... Mais avec le temps, le quotidien s'installe. Les désillusions pointent leur nez.

Pour moi, le travail a toujours été une quête, presque un sport de haut niveau. J'ai grandi dans une famille assez aisée, avec, comme on dit, une cuillère en argent dans la bouche et une éducation de véritable princesse. Chez nous, les garçons étaient destinés à de grandes carrières, tandis que les filles... étaient faites pour faire de beaux mariages, élever des enfants merveilleux et briller dans des réceptions bien organisées. Autant vous dire que ce moule ne me convenait pas du tout. Je ne supporte pas d'être formatée ni d'entrer dans une case. J'ai donc décidé de prendre un chemin différent. Dans les années 1980, j'ai quitté cette vie pour me lancer dans l'inconnu. Je me suis mariée et je suis partie à Los Angeles, une ville qui, à l'époque, semblait être à l'autre bout du monde, surtout sans Internet ni FaceTime (oui je sais, quand je dis ça les plus jeunes d'entre vous ont l'impression de lire le scénario du prochain *Jurassic Park*).

C'est à Los Angeles que j'ai pris mon envol. Là-bas, j'ai monté ma première marque de mode et ouvert des boutiques à Beverly Hills, avec des showrooms dans tout le pays. Sans réseau, sans repères, j'ai construit mon entreprise à la force de mes intuitions et de mon énergie. J'étais seule, mais déterminée. Le travail ne me faisait pas peur : je travaillais vingt-quatre heures sur vingt-quatre. Chaque défi relevé me donnait envie d'aller encore plus loin.

Puis New York est arrivée. Là, j'ai fait un pari audacieux : ouvrir une grande boutique sur Madison Avenue, un vrai casse-gueule. À l'époque, les magasins y ouvraient déjà sept jours sur sept, et, en charge des achats, des mises en place et des relations clients, j'étais présente tous les jours. J'entendais les mauvaises langues murmurer : « Elle ne tiendra pas le coup, elle va se casser la figure. » Mais j'ai appris très vite qu'écouter ce genre de commentaires est la meilleure façon de ne rien faire. Alors, je me suis concentrée sur mon objectif.

Ce n'était pas le succès financier qui m'importait, mais le fait de pouvoir me dire : « J'y suis arrivée. »

N’ÉCOUTEZ LES CONSEILS QUE D’UNE SEULE PERSONNE : VOUS !

Pour moi, tout commence par l’intuition. Avant de me lancer dans un projet, je ferme les yeux et je l’imagine. Si je vois un grand soleil, c’est que la route est ouverte. Mais si tout est flou ou sombre, je n’y vais pas. Cette méthode peut paraître simpliste, mais elle ne m’a jamais trahie. Plus on s’écoute, plus on développe une capacité extraordinaire à discerner ce qui est bon pour nous.

Après le 11 septembre, le monde a basculé et moi avec. J’ai décidé de quitter New York pour Londres, comme on tourne une page sans vraiment savoir ce qui sera écrit sur la suivante. Là encore, je suis repartie de zéro. J’ai eu l’opportunité de rénover une maison de huit étages dans le quartier chic de Belgravia. La boule au ventre était toujours là, mais elle faisait désormais partie de mon processus. J’ai retroussé mes manches, multiplié les voyages en Eurostar à l’aube pour rencontrer mes fournisseurs, et je me suis plongée dans cette nouvelle aventure avec la même énergie qu’à Los Angeles et New York.

WORK HARD, HAVE FUN !

Ce que j’ai appris à Londres, c’est l’importance de l’équilibre. Travailler, oui, mais il faut aussi savoir se divertir. Mes soirées étaient souvent remplies de fêtes car je crois fermement qu’un esprit léger est plus créatif et plus productif. À chaque étape, je me suis réinventée, parce que la routine m'est insupportable. Quand je sens la lassitude pointer, je me dis : « Et maintenant, quoi d'autre? »

COMME L'A SI BIEN CHANTÉ AMEL BENT, « VISER LA LUNE, ÇA NE ME FAIT PAS PEUR ! »

Généralement, quand je m'engage dans une mission, un projet ou un travail, je ne me contente jamais de la médiocrité ou même du très correct. Je me pose toujours la question essentielle : est-ce que ce que je viens de faire est extraordinaire? Si ma réponse est un timide « ça va » ou un simple « pas mal », c'est que je suis encore loin du compte. Pour moi, « bien » ou même « très bien » ne suffisent pas. Ce n'est qu'au moment où je peux m'arrêter, regarder le résultat et me dire avec conviction: « Là, c'est superbe, c'est exceptionnel », que je m'autorise à avancer.

Cette quête de l'excellence a guidé toute ma vie professionnelle. Ce n'est pas une pression, mais une façon de transformer chaque défi en chef-d'œuvre, chaque effort en quelque chose qui a du sens. C'est aussi ce qui m'a encouragée à sans cesse me réinventer. À chaque fois que j'ai commencé à sentir l'ennui, la saturation ou la lassitude, je me suis lancé un nouveau défi. Je me disais simplement : « Et maintenant, quoi d'autre? » *Next*.

Cette philosophie est devenue ma boussole. Elle m'a aidée à avancer avec ambition et à transformer chaque étape en une aventure.

La détermination bat la fatigue, et peu importe les coups de mou ou les jours de doute, je ne recule jamais devant un objectif. Cette ténacité, c'est elle qui m'a toujours poussée à avancer, à me dépasser, à prouver à ceux que j'aime que j'étais capable (et surtout à mon père, chaque victoire étant une manière de le rendre fier). J'aimais profondément mes parents, et chaque réussite était un moyen de leur montrer ma gratitude. Mon père était mon plus grand supporter, et son regard sur mes accomplissements m'a toujours portée. Il m'a donné la force de me surpasser, même dans les périodes les plus difficiles.

L'intuition, cette clé magique, m'a souvent guidée, car se fier à son instinct reste l'une des meilleures façons de prendre les bonnes décisions. Et quand la routine menace de m'étouffer, je me réinvente, transformant l'ennui en carburant pour aller plus loin. Enfin, il y a l'humour, cet ingrédient miracle qui sauve tout : même dans les moments de stress, un bon fou rire peut faire des merveilles.

5 tips
pour briller au travail

1 Transformez vos rêves en rendez-vous incontournables.

Ne laissez pas vos rêves en suspens comme une vieille playlist oubliée. Bloquez un créneau dans votre semaine, comme un rendez-vous sacré avec votre ambition : trente minutes pour avancer sur ce projet fou que vous avez toujours voulu réaliser. Les rêves ne s'éteignent que quand on cesse d'y croire.

Et si quelqu'un vous dérange pendant ce moment ? Dites-lui avec aplomb : « Je prépare quelque chose de grand… enfin, au moins pour moi ! » Vous verrez, chaque petite action devient une pierre à l'édifice de votre succès.

2 Transformez le lundi matin en défilé.

Enfilez une tenue qui vous fait vous sentir invincible, une tenue qui dit : « Je suis la star de ce bureau, pas un(e) figurant(e). » Un café à la main, un sourire éclatant, et voilà : vous êtes prêt(e) à affronter la semaine. Faux dynamisme ou non, ça marche. Les éclopés du lundi n'en reviendront pas. Et votre chef non plus !

3 Adoptez la règle du « pourquoi pas moi ? ».

La prochaine fois que vous voyez quelqu'un réussir quelque chose d'impressionnant, ne restez pas planté(e) là, à vous demander comment il a fait. Dites-vous « pourquoi pas moi? » et imaginez-vous déjà à sa place, mais avec plus de style. Cette simple pensée suffit à vous propulser dans une dynamique où tout devient possible. Et si le doute persiste, fermez les yeux et imaginez que vous êtes déjà arrivé(e). Visualisez le succès, le sourire des gens autour, et surtout la satisfaction de pouvoir dire : « J'avais raison d'y croire. »

4 Célébrez chaque petite victoire comme un triomphe.

Finies les grandes attentes paralysantes. Vous avez accompli une toute petite chose aujourd'hui? Célébrez! Dansez, ouvrez une bouteille d'eau gazeuse comme si c'était du champagne, et proclamez haut et fort : « Un pas de plus vers la gloire » (en cas de grande victoire, vous avez naturellement droit au champagne). Les grandes réussites ne sont qu'un puzzle d'instants minuscules, mais ces instants méritent toujours des confettis.

5 Faites du dimanche soir une fête.

Le dimanche soir, oubliez la déprime, transformez ce moment de blues en une soirée stratégique : une lumière tamisée, un bon bain moussant, un pyjama, chic c'est mieux, et une playlist *feel-good*.

Faites une *to-do list*, et préparez-vous à attaquer le lundi avec une énergie d'enfer.

Solution la plus radicale : travaillez le dimanche. Plus de « Sunday blues », et le lundi sera déjà votre mardi!

« Mieux vaut être marié(e) avec son boulot qu'avec un bulot ! »

RECETTE POUR

Un CV idéal

Ingrédients

• 3 lignes d'expériences légendaires, mais un peu romancées, par exemple : « J'ai sauvé 3 projets critiques d'un désastre imminent grâce à une cafetière et malgré une *deadline* impossible. »

• 1 cuillère à café d'adjectifs flatteurs, mais pas plus (évitez « visionnaire universel » et privilégiez « créatif persévérant »)

• 1 bonne dose de passions surprenantes, comme « maître en jeux de société ». Si vous êtes collectionneur(se), tout dépendra de la collection. « Collectionneur(se) d'affiches de cinéma des années 1930 » soulignera votre sens de l'esthétique. En revanche, si vous êtes tyrosémiophile, c'est-à-dire que vous collectionnez les étiquettes de fromage, je ne suis pas certaine que ce soit bien utile de le spécifier. Pour peu que votre employeur soit en plus allergique au lactose… • 1 pincée d'autodérision, pour montrer que vous êtes sérieux(se) sans vous prendre au sérieux • 1 photo où vous respirez la confiance, avec un sourire qui dit : « Je vais révolutionner votre boîte, mais avec panache ! » (*Exit* les poses austères, voire inquiétantes, à la *Faites entrer l'accusé*, optez pour un style décontracté, mais pro.)

Instructions

Rédigez votre accroche comme une bande-annonce de film : engageante, captivante, et avec un soupçon de mystère.

Structurez votre expérience en mettant en avant ce qui impressionne le plus (ou fait le plus rire, selon la situation).

Personnalisez vos compétences, comme : « Gestion de crises avec humour » ou « pro du brainstorming en temps record ».

Ajoutez vos passions, mais rendez-les mémorables. Par exemple : « Organisateur(rice) de dîners desquels personne ne veut partir avant 2 heures du matin ».

Finissez avec une touche de surprise. Ajoutez une ligne comme : « Disponible pour entretien, café ou séance de karaoké improvisée » (toutefois risqué s'il s'agit d'une candidature pour une société de pompes funèbres).

Evitté les fotes d'orthografe. C'est désagréable à lire, hein!

Astuce

Faites de votre CV un récit. Si un recruteur sourit en le lisant, vous êtes déjà à moitié embauché(e). Et rappelez-vous : la seule limite à votre éclat, c'est l'ampoule que vous oubliez d'allumer. Alors, brillez sans retenue!

7.
LA WONDER WOMAN DE L'ÉLÉGANCE

La mode, les accords de couleurs, les basiques indispensables

Allez, plongeons dans l'univers de l'élégance et de la mode en abordant des thèmes aussi variés qu'essentiels : comment construire un style personnel, maîtriser les accords de couleurs, connaître les basiques indispensables et, bien sûr, naviguer avec humour et recul dans l'univers parfois surréaliste des Fashion Weeks. L'objectif? Vous montrer qu'être élégante, c'est avant tout une affaire de confiance, de simplicité et d'un brin de malice. Et n' oubliez jamais que le bon look, c'est celui qui vous va! Porter un vêtement au seul motif qu'il est *fashion* peut être très fâcheux, car il n'est tout simplement pas fait pour vous.

Avec des conseils pratiques, des anecdotes décalées et des astuces faciles à adopter, ce chapitre vous aidera à briller sans jamais vous perdre dans les diktats de la mode.

LA MODE, LA MODE, LA MODE...

La mode a toujours été bien plus qu'un simple intérêt pour moi : c'est un art de vivre qui m'a façonnée. Depuis toute petite, j'ai baigné dans cet univers. Mes parents voulaient toujours que je sois bien habillée, et très tôt, j'ai compris que l'élégance et le raffinement allaient devenir mes alliés pour la vie. Mon père, un homme d'une incroyable générosité, m'a permis de porter des créations signées Karl Lagerfeld, alors chez Chloé. J'étais habillée en Yves Saint Laurent et je fréquentais les défilés haute couture, à une époque où tout était différent. Pierre Balmain en personne avait dessiné ma robe de mariée (et si mon mariage n'a pas tenu, la robe, elle, est toujours impeccable).

Les shows se déroulaient dans les maisons de couture elles-mêmes : chez Dior, avenue Montaigne, les mannequins montaient et descendaient les étages devant un public trié sur le volet. C'était chic, c'était raffiné, c'était un autre monde. Rien à voir avec aujourd'hui, où les défilés ressemblent parfois à une foire médiatique survoltée, envahie par des blogueuses et des instagrameuses prêtes à tout pour décrocher le selfie qui leur donnera leur quart d'heure de gloire (qui en réalité ne dépasse plus les deux minutes de nos jours). Un mélange de cirque et de tapis rouge... sans la classe d'antan.

LES FASHION WEEKS : LE DÉFILÉ DES EGO

Ah, les Fashion Weeks de Paris... Le grand théâtre de l'élégance où l'on joue à celle qui sera le plus chic, le plus vue, le plus assis au premier rang. Aux défilés des grandes maisons de couture, la salle est un véritable microcosme de pouvoir et de prestige. Tout commence par le placement... Le plan de salle est en soi de la haute couture. Une dentelle hiérarchique qui peut froisser les ego. Où vous êtes assise détermine qui vous êtes. Le placement des sièges est comparable à celui des avions.

Première rangée? La *first class*. Ce sont les femmes qui dépensent le plus. Une fois un minimum d'achat atteint (et je ne donnerai pas de chiffres), vous pouvez être assise au premier rang. Mais si, par malheur, une année, vous dépensez moins que l'année précédente, vous êtes automatiquement rétrogradée au deuxième rang, voire au troisième.

C'est pire que les miles pour conserver son statut de voyageur. Si vous perdez le premier rang, là c'est la honte absolue. Déprime assurée, Prozac recommandé. Et lunettes de soleil obligatoires pour passer incognito auprès de vos anciennes copines du premier rang, qui ne manqueront pas de vous regarder avec délectation.

Les stars et les grands journalistes de mode sont bien sûr au premier rang, mais le reste dépend directement de vos achats, en fait tout est question de budget.

Deuxième rangée ? La classe affaires... Vous êtes encore dans le coup, mais légèrement en retrait. Troisième rangée ? L'économique. C'est là que ça se complique : votre vue sur le défilé est obstruée par les têtes des autres.

Quatrième rangée : la soute. Vous êtes invisible : pas de photos de vous, pas de mentions dans les articles... vous êtes officiellement hors jeu.

Et ce n'est pas tout. Quand on doit assister à plusieurs défilés pendant une semaine, il faut changer de tenue à peu près aussi souvent que les mannequins. Nouveau look pour chaque show : un look Vuitton pour le défilé Vuitton, un look Dior pour le défilé Dior. Résultat ? Une course frénétique pour s'habiller, se déshabiller, courir, recommencer. Cela dure une semaine, quatre fois par an... soit un mois entier de folie chaque année.

J'ai tellement vécu ça que j'ai décidé de ne plus le faire – enfin, sauf pour deux exceptions, les défilés de deux créateurs qui sont mes amis les plus chers.

Vous savez, la plupart des femmes passent tellement de temps à filmer ou à se filmer qu'elles ratent presque tout le show. Un peu comme ceux qui filment tous les concerts avec leur téléphone portable comme s'ils étaient en charge de la captation du spectacle.

Le vrai show? Il se déroule dehors, à l'entrée, avec tous les photographes et ceux qui veulent absolument se faire remarquer. Dans la salle, ce n'est plus un défilé de mode, c'est une parade d'ego.

Et pourtant, quelle folie douce, ces Fashion Weeks! Ce cirque où les tenues extravagantes défilent autant dans la salle que sur le podium, où les stars arrivent en retard pour être remarquées sous les flashs des photographes, et où les chuchotements sur qui porte quoi et qui est assis où rivalisent avec le spectacle sur scène. C'est fascinant, absurde et parfois totalement hilarant. Mais au fond, tout cela sert à nous rappeler une vérité essentielle : la vraie élégance ne dépend pas de la place où vous êtes assise, mais de la façon dont vous portez votre style et votre confiance.

Pour moi, l'élégance, c'est beaucoup plus simple. Pas besoin de podium ni de première rangée. Elle réside dans l'art de s'approprier ce que l'on porte, de trouver son propre équilibre entre chic et confort, et de miser sur des pièces qui nous ressemblent. Comme le dit Jean-Paul Gaultier : « L'élégance est une question de personnalité, plus que de vêtements. » Depuis quelque temps, je me suis tournée vers un style vintage années 1950 revisité, avec mes serre-tête emblématiques qui, en un clin d'œil, ajoutent une touche à la fois espiègle et raffinée à ma tenue. Parce qu'au final, la mode passe, mais votre style, lui, reste.

L'ÉLÉGANCE AU QUOTIDIEN

Mais au-delà des défilés, abordons maintenant l'essentiel : le style du quotidien. Parlons de l'indétrônable petite robe noire. Elle est l'arme secrète de toute femme : parfaite pour un dîner chic ou un rendez-vous important. Vous pouvez l'accessoiriser à l'infini : des talons hauts, un foulard en soie, des bijoux ou un simple rouge à lèvres rouge – elle reste toujours spectaculaire.

En hiver, ma routine vestimentaire est d'une simplicité redoutable : je mise sur des bases solides, faciles à adapter. Toujours un legging ou un caleçon noir, un pull chaussette bien ajusté à col rond, et des bottes élégantes. Le secret? Tout est dans le manteau. Je change de manteau selon l'occasion : un modèle chic pour un rendez-vous professionnel, un autre plus « wow » pour un déjeuner après une séance de Pilates. Avec un joli chapeau, un rouge à lèvres qui illumine le visage et des boucles d'oreilles bien choisies, je suis prête pour toutes les situations sans effort.

Alors, la mode, c'est quoi? Une tendance que tout le monde suit, un peu comme des moutons de Panurge, sans trop réfléchir. Mais pour moi, c'est tout le contraire.

L'essentiel, c'est de porter quelque chose qui vous plaît, qui vous met en valeur et qui vous donne cette étincelle dans les yeux. J'ai toujours suivi ma propre mode, celle qui me ressemble et qui fait ma singularité. Parce qu'au fond, quand on se sent belle, on se sent invincible et tout suit : le sourire, la joie de vivre, et cette confiance en soi qui rend tout plus léger. Et sincèrement, peu importe le regard des autres : l'important, c'est d'être bien dans sa peau.

D'ailleurs, avez-vous déjà essayé ce petit rituel ? Le matin, devant le miroir, posez-vous la question : « Alors, qu'est-ce que tu en penses ? » Et la réponse, vous l'avez sous les yeux. Parce qu'en vérité, personne ne vous connaît mieux que vous-même. Faites-vous confiance : vous êtes votre meilleure conseillère. Tout l'inverse de certains vendeurs. Vous savez, quand, dans une boutique, vous ressortez de la cabine avec un look à faire hurler de rire un épouvantail et qu'on vous lance : « Ça vous va à mer-veille ! »

Et non, il ne faut pas croire qu'il faut dépenser des fortunes pour être élégante. Aujourd'hui, il y a des marques fantastiques à des prix accessibles. Avec un peu de créativité et les bons accessoires, vous pouvez être divine sans vider votre compte en banque. Un beau foulard, des boucles d'oreilles qui claquent, et hop, vous êtes prête à briller.

HAUTE EN COULEUR

Quant aux couleurs, chez moi, tout dépend de l'humeur et du moment. Certains jours, je me sens comme une diva en rouge : « Regardez-moi bien, je suis là et je suis fabuleuse ! » Et d'autres jours, je préfère des teintes plus douces.

Et puis, il y a l'hiver. Là, c'est noir, noir et encore noir. Parce que soyons honnêtes, c'est toujours chic. Mais jamais sans une touche de couleur : un rouge à lèvres éclatant, une écharpe lumineuse, des gants audacieux ou même un chapeau violet, pourquoi pas ?

Ne pas trop forcer non plus, au risque de ressembler à un *rainbow flag.*

Juste ce qu'il faut pour casser la monotonie et rappeler que, même en plein hiver, le style ne prend pas de vacances.

Finalement, les couleurs, c'est comme votre playlist du matin : il y a des jours où vous avez besoin de Beyoncé, et d'autres où un petit Chopin fera l'affaire. L'important, c'est que ça vous parle et que ça vous fasse vous sentir belle et bien dans vos bottes.

Ah, il faut que je vous avoue quelque chose : depuis un certain moment, j'ai dit adieu aux sacs et pochettes. Fini. Avant, je portais des sacs tellement lourds qu'il aurait fallu engager un porteur, ou presque. Les sacs, c'est comme les valises quand on part en voyage. Plus ils sont grands, plus on les remplit.

Je devais aller voir un ostéopathe régulièrement, et c'est là que j'ai eu une révélation : tout ce que j'emportais dans mon sac, je ne m'en servais jamais. C'était juste une sorte de sécurité. Alors, j'ai décidé de m'alléger. Maintenant, tout ce dont j'ai besoin tient dans mon téléphone : la carte de crédit y est intégrée, et mes clés trouvent facilement leur place dans une poche. Et voilà, finis les sacs, fini l'encombrement. Je me sens libre et, franchement, beaucoup mieux sans tout ce bazar.

5 tips
pour une élégance à toute épreuve

1 Investissez dans des basiques de qualité.

La chemise blanche impeccable, le pantalon noir bien coupé, ou encore une petite robe noire, ce sont les super-héros de votre garde-robe. Ils ne prennent pas de vacances et sauvent n'importe quelle situation. Avec eux, vous êtes toujours prête, que ce soit pour un rendez-vous professionnel ou un dîner romantique (prévu ou improvisé).

2 Jouez avec les accessoires.

Les accessoires, c'est votre terrain de jeu. Une ceinture qui marque la taille, un joli foulard pour rehausser une tenue ou des boucles d'oreilles audacieuses, ils font tout le travail.

Et bonus : ils transforment une tenue que vous portez depuis dix ans en un nouveau look à la mode. Le pas de côté change totalement la chorégraphie.

3 Trouvez votre couleur fétiche.

C'est LA couleur qui fait briller votre teint et booste instantanément votre confiance. Que ce soit un rouge flamboyant, un bleu majestueux ou un vert audacieux, elle est votre alliée infaillible. Et les jours où vous hésitez devant le miroir, foncez sur elle : elle ne vous trahira jamais.

4 Le confort, toujours !

Être élégante, oui, mais jamais au détriment de votre bien-être. Si vos chaussures vous font souffrir après dix minutes, elles restent dans le placard. Les talons, c'est magnifique, mais si c'est pour avoir des pieds en chiffonnade de jambon quand vous les enlevez devant votre amoureux, ce n'est pas très tactique.

Le style, c'est aussi marcher avec assurance, et ça, c'est impossible si vos pieds vous détestent.

5 La confiance est votre meilleur look.

Peu importe ce que vous portez, si vous le faites avec assurance, vous brillerez. Une simple tenue peut devenir spectaculaire si vous la portez comme si elle avait été créée pour vous. Alors, tête haute, sourire étincelant, et le tour est joué.

« Le look,
c'est comme l'alcool,
la sobriété est toujours
la meilleure option. »

Une recette d'élégance

Pour une tenue qui fonctionne à tous les coups

Une base intemporelle (chemise blanche ou robe noire) •
Un élément de caractère (un serre-tête, un accessoire) •
Un jeu de couleurs ou de textures (un foulard en soie ou des chaussures audacieuses)

Instructions

Portez le tout avec une posture droite et un sourire éclatant.

L'élégance n'est pas un privilège réservé aux podiums ou aux premiers rangs des défilés.

Elle commence devant le miroir, avec une tenue qui vous ressemble et une attitude qui vous illumine. Laissez la haute couture aux Fashion Weeks et créez votre propre show quotidien. Parce qu'être chic, c'est avant tout être soi-même, en mieux.

8.
VACANCES

De la galère à *La croisière s'amuse*

Ah, les vacances ! Ce moment censé être une parenthèse enchantée, où l'on rêve d'un transat, d'un cocktail et de soleil. La réalité ? Un marathon d'aéroports transformés en ruche, ou plutôt en nid de guêpes tant les gens peuvent être agressifs, des valises qui débordent, des disputes familiales pour choisir une table de restaurant, et un(e) amoureux(se) qui vous agace dès le premier jour (oui, même son sourire commence à vous énerver). Ce chapitre vous plonge dans ce joyeux chaos : entre belle-maman et ses repas à heure militaire, les enfants qui font de vos journées un casse-tête infernal et les copains qui réussissent à métamorphoser l'avion en boîte de nuit improvisée, préparez-vous à un concentré d'humour, de vérités (crues) et d'autodérision ! Bref, les vacances : l'endroit où rien ne se passe comme prévu, mais où tout devient inoubliable.

« Vivement la fin des vacances que je me repose. »

LES VACANCES, ENTRE RÊVE ET CHAOS ORGANISÉ

Les vacances ! Cette promesse de repos, de soleil, de déconnexion totale, ce mot magique qui fait rêver tout le monde. Enfin presque… Une carte postale idyllique qu'on attend toute l'année… jusqu'au moment où il faut passer par la case préparatifs.

Parce qu'avant de siroter un cocktail face à la mer, il faut survivre au cauchemar logistique.

Non, les vacances ne commencent pas à la plage. Elles débutent bien avant, avec les préparatifs : le marathon des valises, la course aux passeports, les listes interminables de « ne surtout pas oublier ». Et pour ceux qui, comme moi, sont un peu maniaques, c'est encore pire.

Tout commence par les valises. Chez moi, c'est un art maîtrisé à la perfection... Une sorte de *Tetris* XXL où tout s'emboîte à merveille... Chaque robe sur son cintre, protégée dans une housse plastique. Le résultat ? Rien n'est froissé à l'arrivée, un petit secouage suffit, et je suis prête à briller. Et puis, vous me connaissez : partir sans toutes mes robes, mes chapeaux, mes chaussures, mes boucles d'oreilles et mes lunettes ? Impensable ! J'adore avoir le choix une fois sur place. Et bien sûr, n'oublions pas les petits looks parfaits pour mes posts Instagram et TikTok : si je dois briller sur les réseaux, autant emporter avec moi tout ce qu'il faut. Et parlons logistique, mes chéri(e)s! Quand j'ai beaucoup de bagages (ce qui m'arrive rarement, seulement environ onze fois sur dix, car j'ai toujours du mal à choisir entre mes robes de soirée et mes robes de presque soirée), je fais tout partir via DHL.

Je vous accorde que ça fait un peu déménagement, mais au moins mes valises arrivent en même temps que moi à destination, sans que je sois obligée de me battre avec un chariot ou un tapis roulant qui décide de me livrer mes valises en dernier : je voyage légère avec une simple valise cabine. Oui, ça coûte un peu, mais franchement, la sérénité n'a pas de prix – enfin, si, mais vous avez compris l'idée.

Et que dire du bourreur compulsif qui saute sur sa valise pour la fermer, ses vêtements en boule façon linge oublié dans la machine ! Devinez qui passe ses vacances avec des plis partout ? Certainement pas moi ! J'adore les shar-peïs, mais pas au point de vouloir leur ressembler.

Les préparatifs pour un voyage, c'est déjà une épreuve...

Vous êtes épuisé(e) avant même de partir, et encore plus en arrivant à l'aéroport. Et là, l'aéroport, parlons-en. C'est tout un spectacle, entre ceux qui déambulent comme sur un boulevard, ceux qui se baladent avec leur coussin autour du cou (ce qui donne un petit look façon minerve des plus élégants) et ceux qui se bousculent comme si leur vie en dépendait.

Vient ensuite l'étape de la sécurité, ce moment où tout ralentit. Vous tombez forcément derrière un champion de la lenteur : il met une éternité à retirer sa ceinture, à défaire ses chaussures et à vider ses poches, qui semblent être sans fond tant il en retire d'objets. Et pendant ce temps, vous transpirez à l'idée de rater votre avion. Sérieusement, avez-vous déjà vu quelqu'un de décontracté dans un aéroport ? Moi, jamais. L'aéroport, c'est l'épicentre du stress planétaire. Votre tension monte encore plus à la verticale qu'un avion au décollage.

CALL OF DUTY... FREE

Parlons du shopping dans les aéroports : une embuscade bien rodée. Avant d'atteindre votre porte d'embarquement, vous êtes obligé(e) de traverser un véritable centre commercial.

On ne vous laisse aucune chance. Entre le parfum hors de prix, les chocolats « locaux » qu'on trouve pourtant dans tous les pays, et la crème miracle, vous êtes harponné(e) malgré vous.

Et vous, comme tout voyageur pris au piège, vous craquez, parce qu'après tout, « c'est détaxé ». Ça, c'est l'excuse universelle pour tout justifier !

Le pire, c'est que ça ne s'arrête pas là ! Pendant le vol, on vous propose aussi de faire vos emplettes. Et dans certaines villes, même à l'arrivée, ils vous font défiler devant une rangée de boutiques, comme si après un vol de douze heures, la première chose dont vous aviez besoin, c'était d'une montre au prix exorbitant ou d'une bouteille de champagne. Si l'on cédait à chaque injonction d'achat, on aurait déjà dépensé tout son budget vacances avant même de les avoir commencées.

Et puis vient l'épreuve du tapis à bagages, ce moment où l'espoir et l'angoisse se croisent. Chaque valise qui passe vous donne un petit sursaut : « C'est la mienne ! »... mais non. Et là, vous priez : « Faites qu'elle ne soit pas coincée à Paris alors que je suis à Bali. » Parfois, elle ne vient jamais. Ça m'est déjà arrivé : deux jours de vacances avec la même tenue. Alors oui, petit shopping d'urgence, mais croyez-moi, les shorts taille unique et les T-shirts « I ❤ Bali », ça casse vite le glamour.

Conseil : mettez toujours un petit nécessaire de survie pour vingt-quatre heures dans votre bagage cabine. Cela vous évitera d'avoir à aller acheter dès votre arrivée une brosse à dents et des chaussettes en mode zombie à cause du décalage horaire.

QUAND LES VACANCES DEVIENNENT UNE AVENTURE

Quand on arrive en vacances, il y a cette fausse idée qu'on va enfin respirer. Mais non : il faut défaire les valises, avec un teint aussi vert qu'un mojito mal dosé, complètement crevé. Le lendemain ? Encore pire : on traîne des cernes façon panda, et on regrette presque déjà le départ. Et puis, miracle ! Le troisième jour, vous commencez à sentir un petit vent de décontraction. Vous vous dites : « Ah, ça y est, je suis enfin détendu(e) ! » Mais c'est à ce moment précis que la vie vous rappelle que vous repartez dans deux jours. Quel timing parfait, n'est-ce pas ?

Ne prendre que trois jours de vacances, c'est comme quitter la salle de concert à la fin de la première partie, avant même d'avoir vu l'artiste pour lequel vous êtes venu(e).

Qui n'est pas déjà tombé sur ce groupe d'énergumènes qui transforment l'avion en boîte de nuit volante? Ces copains surexcités, débarquant avec l'enthousiasme d'un enterrement de vie de garçon, sont prêts à sabrer le champagne à peine assis. Ça trinque bruyamment, ça parle trop fort et ça massacre des chansons connues à coups de fausses notes joyeuses. Ils ne sont même pas encore arrivés à destination qu'ils ont déjà créé l'ambiance d'une soirée trop arrosée. À ce stade, vous vous demandez si le hublot est assez large pour envisager une évasion discrète.

Idée : diffusez sur votre téléphone les chansons *Comme un avion sans aile* et *Tombé du ciel*. Ça pourrait les calmer.

LOFT STORY

Ah, les vacances chez les beaux-parents ! On dirait presque un stage de survie ou une nouvelle version du Loft, où vous êtes enfermé(e) et épié(e)... Vous entrez dans leur royaume, et tout, je dis bien tout, est soumis à des règles sacrées. Belle-maman vous guette dans la cuisine : « Tu coupes les tomates comme ça ? Mais enfin ! » (Et là, vous sentez qu'elle envisage sérieusement de vous interdire l'accès au couteau. Ce qui, cela dit, est sans doute un très bon réflexe d'autoprotection de sa part vu comme elle vous énerve.) Beau-papa, lui, est déjà derrière vous pour éteindre la lumière : « C'est pas Versailles ici ! » Traduction : chaque fois que vous quittez une pièce, il vous faut l'éteindre, même si vous comptez y revenir dans deux secondes pour prendre votre téléphone. Une véritable chorégraphie entre interrupteurs. Il y a de quoi disjoncter.

Et puis, le clou du spectacle : les repas. Chez eux, c'est le chronomètre qui décide. « C'est midi ! » crie belle-maman. Pas une minute de plus, pas une minute de moins. Vous vous asseyez, même si vous n'avez pas faim, parce que le respect est de rigueur. Enfin... le respect forcé. Vous mastiquez en silence (un peu comme les bovins qui eux aussi mangent à heure fixe) sous les regards qui analysent si vous finissez bien votre assiette. Parce que ne pas tout manger ? C'est une insulte, voyons.

Une fois, c'est une expérience. Deux fois ? Vous commencez à rêver de commander Deliveroo à 23 heures, lumière allumée dans toute la maison, sans personne derrière vous pour vous rappeler les règles.

KIDS FRIENDLY

Je vais vous parler des vacances en famille avec les enfants. Ah, là, on ne parle pas de repos, on parle de sport de haut niveau. Oui, j'ai vécu ça pendant de nombreuses années. Avec le recul, je peux dire que ce sont de magnifiques souvenirs. Mais sur le moment ? Mon Dieu, quel stress ! C'était énervant, épuisant, et parfois même un vrai test de patience. Bref, entrons dans le vif du sujet.

Tout commence avant même le départ : vous préparez les valises pour tout le monde, mais il manque toujours quelque chose. Vous entendez un « Maman, j'ai pas pris mon doudou ! » alors que vous êtes déjà sur l'autoroute. Dans l'avion, c'est un festival : le petit qui pleure parce qu'il voulait être côté hublot et qu'hélas il n'y en a pas à chaque siège, l'autre qui demande toutes les cinq minutes si « on est bientôt arrivés » (va donc demander au pilote) et vous qui essayez de garder un sourire détendu, tandis que vous serrez les dents en priant pour que le vol soit court.

Et une fois sur place ? C'est un jonglage permanent : les plages (avec des jouets qu'il fallait absolument prendre, mais qu'ils n'utilisent jamais), les sorties culturelles qui se transforment en « j'ai faim », « j'ai chaud », et les glaces qui finissent partout sauf dans leur bouche. Sans parler des petites disputes épiques : pour un sandwich, une serviette ou la place tant convoitée dans la voiture, celle « où on ne sent pas la clim en plein visage ».

Vous vous dites : « Mais pourquoi je fais ça ? »

Et pourtant, au milieu de ce chaos, il y a ces instants précieux : un fou rire imprévu, un câlin plein de crème solaire ou ce moment où, épuisés, ils s'endorment sur vos genoux. Oui, sur le coup, vous râlez. Mais après ? Vous racontez tout ça en riant, et vous vous rendez compte que ce sont ces galères-là qui fabriquent les souvenirs les plus mémorables (sauf la gastro-entérite du petit dernier dans l'avion en pleines turbulences... Ça, ça laisse des traces indélébiles, mais sur les vêtements).

Finalement, parfois, rester chez soi pour les vacances, c'est la vraie liberté. Pas de valises à boucler, pas d'horaires à respecter, pas de disputes pour une place dans la voiture. On découvre les musées qu'on n'a jamais pris le temps de visiter, on s'installe dans de jolis restaurants, et on flâne dans sa propre ville avec des yeux de touriste. Et là, loin du stress du quotidien, on prend conscience qu'on habite un endroit merveilleux, qu'on oublie trop souvent de savourer.

J'adore les vacances, vraiment, mais il y a une chose que je ne peux pas supporter : l'oisiveté totale. Rester là, à ne rien faire ? Impossible. Rester en mode cuisson à la plancha sur un transat m'angoisse au plus haut point (en plus de me donner des coups de soleil).

Si je sens l'ennui pointer le bout de son nez, hop, direction la cuisine ! Je sors les ingrédients, je mélange, je mijote, je pâtisse... Bref, je transforme ma pause en épisode de *Top Chef*. Ça me détend ! Faire plaisir à tout le monde avec un bon plat ou un gâteau ? Avec plaisir ! Mais attention, la vaisselle ? Oh non, ça, ce n'est clairement pas dans le package. Chacun ses limites !

Et puis, rester trop longtemps au même endroit, ce n'est pas dans ma nature. J'aime le mouvement, le changement, comme dans ma vie. La routine et la monotonie ? Non, merci, ça m'endort, sauf naturellement si ma chambre est juste au-dessus de la discothèque de l'hôtel. Double peine.

Quant aux vacances en duo, c'est une autre histoire. Si l'amoureux(se) n'est pas encore tout à fait familier(ère), on reste dans une phase délicate. On sourit tout le temps, on ne râle pas, même quand il ou elle mâche un peu trop bruyamment ou prend des heures pour poser sa serviette à la plage. On s'adapte, on se dit que c'est une phase. En réalité, les vacances sont souvent une épreuve de vérité pour un couple, car le reste de l'année, on ne passe jamais autant de temps ensemble.

Mais bon, rien n'empêche de varier les plaisirs, de changer d'endroit... ou même d'amoureux(se). Pourquoi pas ? Ha ha ha ! J'aime bien l'idée des vacances à deux... mais il ne faut pas abuser. Tout a ses limites.

5 tips
pour un voyage tout confort

1 La tenue passe-partout.

Optez toujours pour une tenue confortable, mais stylée. Oui, vous voulez être à l'aise dans l'avion, mais ce n'est pas une raison pour sortir en pyjama. Rappelez-vous, on ne sait jamais qui on va croiser à l'aéroport.

2 Le sac de survie.

Ne voyagez jamais sans vos essentiels : une brosse à dents, un chargeur, des snacks, et surtout des boules Quies.

3 Prenez toujours un bagage cabine avec une tenue de rechange et des médicaments d'urgence.

Parce qu'il y a 50% de chances que votre valise parte en vacances ailleurs. Et autant éviter d'expliquer à tout le monde pourquoi vous portez le peignoir de l'hôtel au restaurant !

4 Les chaussettes, pas sexy, mais essentielles.

Sur les long-courriers, portez des chaussettes de contention. Non, ce n'est pas très glamour, mais ça vous évitera d'avoir les jambes de Dumbo l'éléphant à l'arrivée.

5 L'art d'embarquer parmi les premiers.

Si vous avez une valise cabine et que le vol est complet, soyez parmi les premiers à embarquer. Sinon, votre valise finira inévitablement en soute et vous en aurez pour une demi-heure, si ce n'est pas plus, à la récupérer à l'arrivée.

« Les vacances,
c'est des valises de
vêtements, des valises
sous les yeux, mais
aussi des valises de
souvenirs au retour. »

RECETTE

Ragoût des galères de voyage

Ingrédients

1 l de retard accumulé (vols, trains) • 1 poignée de passagers bruyants (idéalement un enfant qui pleure et un voisin qui ronfle) • 3 cuillères à soupe de bagages égarés (parfait pour ajouter du suspense) • 1 pincée de malentendus • 1 nuage de patience (ou de ce qu'il en reste)

Préparation

Faites mijoter tout ça sous une chaleur tropicale à 35 °C (ou dans une file d'attente interminable), ajoutez une bonne dose de mauvaise foi pour les disputes et servez avec un grand verre d'autodérision.

Astuce

Ne consommez pas à chaud, laissez refroidir pour apprécier pleinement les saveurs et ne pas exploser en plein vol !

CONCLUSION

Et voilà, mes chers amis, nous arrivons aux dernières pages de cet ouvrage. J'espère de tout cœur que vous avez passé un joli moment en ma compagnie. Moi, en tout cas, j'ai adoré. Chaque phrase, chaque anecdote que j'ai racontée sur ces pages était écrite avec vous en tête. Je pensais à vous en me demandant : est-ce qu'ils vont aimer? Est-ce qu'ils vont rire? Et si ces lignes ont pu vous faire sourire, rêver ou même réfléchir, alors mon pari est réussi.

Mais je ne veux pas que cette aventure s'arrête là. Si un jour vous avez besoin d'un conseil, d'un petit souffle d'inspiration ou même juste de quelqu'un avec qui partager vos propres histoires, sachez que je suis là. Venez me trouver sur Instagram, envoyez-moi un message. Croyez-moi, je serai ravie d'échanger avec vous, comme on le ferait autour d'un café bien chaud (ou d'une coupe de champagne bien fraîche, elle). Vous n'êtes pas des lecteurs pour moi, vous êtes des amis que je n'ai pas encore rencontrés et quelque part aussi un peu les auteurs de cette belle histoire que j'écris au quotidien.

Tout ce que j'ai partagé dans ce livre, je l'ai écrit comme on partage un secret entre amis. Ces petites vérités qu'on ose dire à voix haute, ces moments de douce folie et ces éclats de rire. C'était ma manière de vous dire : vivez, osez, aimez, même quand ça fait un peu peur. Faites ce que vous voulez, comme vous voulez, avec qui vous voulez... quand vous voulez.

Dès l'instant où vous ne faites de mal à personne. L'essentiel dans tout ça, c'est la bienveillance. Et surtout, n'écoutez pas les jugements des autres. Vous pensez bien que si j'avais écouté les gens, je n'en serais pas arrivée là.

Ah, la vie, c'est un terrain de jeu plein d'imprévus. Parfois, elle nous secoue, elle nous surprend, et, oui, elle nous fait lever les yeux au ciel en disant : « Non, mais c'est quoi cette blague? » Mais c'est grâce à ces détours inattendus qu'on devient qui on est. À 65 ans, je me suis dit : « Pourquoi ne pas chanter, après tout? » Et à 69 ans, me voilà à sortir un album et à écrire ce livre. Oui, rien que ça. Et croyez-moi, je ne compte pas m'arrêter là. Parce que franchement, qu'est-ce qu'on s'amuse quand on se lance dans l'inconnu! Alors, à quoi bon attendre? La vie est là pour qu'on la croque, même si on s'en met un peu partout. Mieux vaut faire des miettes que de se contenter de celle des autres.

Ce que je veux vous transmettre, c'est que rien n'est jamais trop tard. Vous n'êtes jamais trop jeune, trop vieux ou trop quoi que ce soit pour tenter quelque chose de nouveau. Ce qui compte, ce n'est pas la perfection, mais cette étincelle dans les yeux, cette envie de se dire : « Je suis vivant(e), et je m'éclate! » La vie est emplie d'occasions qu'on ne voit pas toujours tout de suite. Parfois, il suffit d'un petit pas pour que tout change. Ce n'est pas la grandeur de l'initiative qui importe, mais le fait de se lancer, simplement, avec audace.

Et puis, qui décide de ce qui est normal ou dans les temps? Vous n'avez de comptes à rendre à personne. Faites ce qui vous rend heureux, même si c'est surprenant, même si c'est différent. L'important, c'est que cela vous fasse vibrer. Dans ces élans, on découvre souvent bien plus que ce que l'on espérait. Une énergie nouvelle, un souffle d'air frais ou la fierté d'avoir osé.

Prenez le temps de ralentir, de savourer, de vraiment vivre. La beauté se trouve dans tant de choses simples : un rayon de soleil, une conversation avec un inconnu, ou juste ce moment où vous vous posez enfin avec une tasse de thé. C'est souvent dans ces petits instants qu'on prend conscience que la vie est précieuse et belle. Apprendre à apprécier les choses du quotidien est en réalité un travail sur soi très complexe.

N'oubliez pas de dire « je t'aime » à ceux que vous aimez. C'est simple, c'est beau, et on ne le fait jamais assez. Enlacez-les, faites-leur des compliments sincères, ces petites attentions qui illuminent une journée. Soyez heureux pour ceux qui ont réussi, véritablement heureux, car croyez-moi, ce qui leur arrive de bien pourrait vous arriver aussi, et peut-être plus vite que vous ne le pensez.

Dire du bien, faire du bien, ça vous donne une énergie incroyable, cela engendre une sorte de cercle vertueux où la positivité vous entoure et fait de vous un aimant à bonnes nouvelles. Et souvenez-vous de cette loi universelle : ce que vous envoyez dans le monde vous revient 100 fois plus fort (ce boomerang risque de faire mal à certains). Mais ne le faites pas dans l'attente d'un retour, faites-le pour vous, pour ressentir cette légèreté, cette paix intérieure. Je vous assure, ça change tout.

Et combien de fois sommes-nous tentés de critiquer? Non, non et non! Résistez à cette tentation. Critiquer, c'est comme casser la magie autour de vous. Vous gâchez tout. Soyez proactifs, engagez-vous dans le positif, et vous verrez des miracles se produire. Je vous le promets, cette simple attitude peut transformer votre vie, et celle des autres, d'une manière que vous n'auriez jamais imaginée. Alors, essayez, et laissez la magie opérer.

Ne vous contentez jamais du minimum. Aimez, non, mieux encore, adorez ce que vous faites ou ce que vous avez accompli. La médiocrité n'a pas sa place dans votre vie, elle n'est pas une option. Soyez fiers de chaque pas que vous faites, de chaque victoire, aussi petite soit-elle, car c'est dans cette exigence envers vous-mêmes que vous trouverez l'épanouissement.

Faites un tri dans votre vie, et sans culpabilité. Entourez-vous de personnes qui vous élèvent, qui vous inspirent, des gens positifs qui vous poussent à être encore meilleurs. Éloignez-vous de ceux qui vous tirent vers le bas ou qui drainent votre énergie. Cette règle, je l'ai toujours appliquée. C'est pour cela que j'ai tant bougé, que j'ai changé, évolué, et que j'ai toujours trouvé une lumière au bout du chemin.

Et même en amour, surtout en amour, ne restez jamais dans une situation par peur ou par habitude. Quand ça ne va plus, ayez le courage de dire stop. Le changement peut faire peur, mais c'est souvent en osant lâcher ce qui ne vous convient plus que vous ouvrez la porte à quelque chose de magnifique. Croyez-moi, il vaut mieux être seul et libre que coincé dans une routine qui vous étouffe. Osez rêver grand, aimer intensément, et surtout, ne craignez jamais de recommencer.

Alors, sur cette note, je vous laisse avec une mission : continuez à écrire votre propre histoire, à la remplir de panache, de moments fous et de bougies parfumées. N'ayez pas peur d'être vous-mêmes, dans vos stilettos ou dans vos pantoufles. Parce qu'après tout, être soi-même, c'est le plus grand des luxes. Et celui-ci n'a vraiment pas de prix.

Je vous embrasse tendrement, avec l'envie que ces mots résonnent longtemps en vous. Prenez soin de vous, riez de tout votre cœur, dansez même sans musique, et surtout, n'oubliez jamais : la vie est une fête, alors allumez vos bougies et brillez. Toujours.

REMERCIEMENTS

Je souhaite remercier Adriana et Dominique, Benjamin et Isabel, mes petits-enfants : Raphaëla, Nathaniel, Sylvie et Florence.

Je remercie également Ruthy Avayou, Éric Dussart, Françoise Smadja, Romuald Premier, Karine Bailly De Robien, Mathilde Poncet, Marie Poulain, Savannah Genvrin, Aloïse Useo, Caroline Obringer, Marie Amarger, Laure Paradis, Nina Chambefort, Kent Pinar, Mathieu Chesneau et Sacha Tacate.

Cet ouvrage est composé de matériaux issus de forêts bien gérées certifiées FSC®,
de matériaux recyclés et de matériaux issus d'autres sources contrôlées.
Le Forest Stewardship Council® est une organisation internationale non
gouvernementale qui encourage une gestion écologiquement adaptée,
socialement bénéfique et économiquement viable des forêts de la planète.
Pour en savoir plus, consultez le site www.fsc.org

FSC www.fsc.org
MIXTE
Papier | Pour une gestion forestière responsable
FSC® C022829

Achevé d'imprimer en avril 2025
sur les presses de la Nouvelle Imprimerie Laballery
58500 Clamecy
Dépôt légal : mai 2025
N° d'impression : 502393

Imprimé en France

La Nouvelle Imprimerie Laballery est titulaire de la marque Imprim'Vert®.